AF200243

Spuren meiner Kindheit…

Erinnerungen an Hannover
von 1930 bis 1960

Für meine Kinder

Karin, Folkert, Carsten

Anneliese Jürgens

Spuren meiner Kindheit...

Erinnerungen an Hannover
von 1930 bis 1960

2007

Bibliographische Informationen der Deutschen Nationalbibliothek

Die Deutsche Nationalbibliothek verzeichnet diese Publikation in der Deutschen Nationalbibliographie; detaillierte bibliographische Daten sind im Internet über http://dnb.d-nb.de abrufbar

Impressum

©2007 by Anneliese Jürgens

Text und inhaltliches Konzept: Anneliese Jürgens
Satz und Layout: Dr. Carsten Jürgens
Umschlaggestaltung: Dr. Carsten Jürgens

Herstellung und Verlag: BoD - Books on Demand, Norderstedt

ISBN 978-3-7448-3224-3

Hinweis:
Für alle nicht selbst erstellten Abbildungen wurden Genehmigungen zur Veröffentlichung von denjenigen Stellen eingeholt, die das jeweilige Bildmaterial zur Verfügung gestellt haben. Sollten trotz sorgfältiger umfangreicher Recherchearbeiten darüber hinaus weitere Rechte am Bildmaterial bestehen, so bittet die Autorin um Benachrichtigung über den Verlag.

Inhaltsverzeichnis

Die kleine Welt einer Kindheit 9

Erntezeit in Harderode 11

Das Leben Am Fuhrenkampe 13

Ein großes Wohngebiet entsteht 19

Unter dem Hakenkreuz 22

Arbeitsbeschaffungsmaßnahme 24

Erste Schwimmversuche 27

Haustürgeschäfte 29

Allein verreist 30

Die Subunternehmerin 31

Die Volksgasmasken 32

Ein trauriger Besuch 32

Kriegsbeginn – die ersten Bomben 34

Kinderlandverschickung (KLV) 36

Zur Kriegsmarine 39

Tagesangriff 26. Juli 1943 41

Opernhaus Hannover 44

Schwerster Bombenangriff am 8./9. Oktober
1943 46

Besuch der Buhmann-Schule 48

23. November 1944 ausgebombt 52

Am 10. April 1945 Kriegsende für die
Hannoveraner– Nun begann das Plündern 62

Aufräumarbeiten 63

60 km Fußmarsch 64

Großeinkauf bei Firma Ofen-Behre 66

Beginn des Wiederaufbaus 68
Einzug in das Seitengebäude 70
Tanzkurs bei Fräulein Henning 71
Hamsterfahrten 73
Arbeit bei der Hannoverschen Presse 77
Kaufmännische Lehre 78
Ende der Lehrzeit 82
Ab 1. Januar 1948 als Zweitsekretärin tätig ... 83
Die erste Bundesgartenschau 91
Erster Hannoverscher Blumenkorso 95
Urlaub in Norderney 98

Anhang

Quellen- und Abbildungsverzeichnis 105
Historischer Zeitbezug 107

Abbildung 1: Firmenschild Kunst- und Bauschlosserei Anger (Meisterstück vom 20.2.1912 Henry Anger)

Die kleine Welt einer Kindheit

Ich wurde im Mai 1929 in Hannover-Herrenhausen in der Straße „Am Fuhrenkampe" geboren. Dort besaß meine Familie ein zweieinhalbgeschossiges Haus, in dem auch meine Großeltern väterlicherseits wohnten. Die Begrüßung der neuen Erdenbürgerin war herzlich. Mein vier Jahre älterer Bruder Friedrich, gerufen Friedel, wollte wohl seine Freude über die Schwester zum Ausdruck bringen, indem er lila blühende Zweige der Fliederbüsche in unserem Vorgarten abbrach und meiner Mutter Karoline zum Geschenk machte.

Die Zeiten waren aber eigentlich schlecht. Unser Vater Friedrich Söftje war gelernter Kunstschlosser und hatte seine Ausbildung von 1911–1914 in der angesehenen Kunst- und Bauschlosserei Anger in der Stadtstrasse 4 erhalten. Nach Abschluss seiner Lehre war er hier dann als Kunstschlosser bis zu seiner Einberufung zum Militär und auch nach seiner Rückkehr aus dem Krieg im Jahre 1918 wieder tätig. 1930 hatte er seinen Arbeitsplatz verloren und blieb bis 1933 arbeitslos. Vater musste einmal in der Woche das Arbeitsamt „zum Stempeln" aufsuchen, dann gab es das Arbeitslosengeld für die nächste Woche. Dies reichte nur für das Allernötigste. Das Schicksal der Arbeitslosigkeit teilte er indessen mit zahlreichen Menschen, so dass in vielen Familien Armut und Hunger herrschte. Immerhin konnten wir uns in jenen Jahren dank unseres großen Gartens, wenn auch mehr schlecht als recht, über Wasser halten. Gemüse und Obst wurde dort reichlich geerntet und so auch für den Winter ein Vorrat geschaffen. Zudem war zum Glück in der Herrenhäuser Straße eine Station der „Winterhilfe" eingerichtet worden. Hier konnte man nach Überprüfung der Bedürftigkeit immerhin einen Zuschuss für Winterkleidung bekommen.

Erntezeit in Harderode

Anfang 1930er-Jahre lebten mehrere Verwandte von uns in Harderode, zwei Cousinen und ein Cousin meiner Mutter: Lina Kohlenberg, deren Schwester Anna Lübbe und der gemeinsame Bruder Heinrich Hölscher junior. Dies erwies sich als ein glücklicher Umstand. Meine Mutter und ich besuchten Onkel Heinrich und dessen Frau Anna nun zur Erntezeit, während mein Vater in Herrenhausen Haus und Garten versorgte und meinen Bruder betreute.

Abbildung 2: Harderode

Schon die Reise war für mich ein kleines Abenteuer. Wir fuhren mit dem Zug vierter Klasse, die es zu dieser Zeit bei der Deutschen Reichsbahn gab. Dieser Wagen war für „Reisende mit Traglasten" vorgesehen und als solcher gekennzeichnet. Der Wagen hatte einen großen quadratischen Raum mit Holzbänken an den Wänden. In der Mitte

11

des Raumes konnte man größere Gepäckstücke, wie Körbe, abstellen. Von der Decke herunter gab es Griffe für stehende Reisende. Derartige Personenzüge in Richtung Hameln hielten auch am Bahnhof Behrensen, von wo wir stets mit Pferd und Kutschwagen abgeholt wurden. Meine Mutter half dann Familie Hölscher bei der harten Arbeit in der Landwirtschaft und im Haushalt. Im Gegenzug mussten wir uns über das tägliche Essen keine Sorgen machen und darüber hinaus gab es einen gut gefüllten Schließkorb voller Lebensmittel mit auf den Heimweg nach Hannover.

Das Leben Am Fuhrenkampe

Zu Hause am Fuhrenkampe war es nicht allein aus finanziellen Gründen schwierig, sich mit dem alltäglichen Bedarf zu versorgen, den der eigene Garten nicht hergab. Anfang der 1930er-Jahren gab es in der Nachbarschaft nur zwei kleine Verkaufsstellen Am Fuhrenkampe 24 (Drewke) und 26 (Brandes) für Lebensmittel. Es war meistens ein Raum, der in einer Wohnung abgetrennt war. 1932 gab es in der Sommerfeldstraße 30 das erste richtige Ladengeschäft Sudhoff für Lebensmittel, Gemüse und Obst. Bäckermeister Niemeyer aus der Schaumburgstraße fuhr zweimal wöchentlich Brot und Backwaren mit Pferd und Wagen aus. Und sogar täglich lieferte Frau Hoffmann, die im Nachbarviertel „Auf der Ledeburg" wohnte, die Milch ins Haus. Sie nannte ein Gefährt mit einem quadratischen, offenen Aufbau ihr Eigen, das von einem Pferd gezogen wurde. Der Kutschbock war durch eine Persenning als Dach gegen Regen und Wind geschützt. Auf der Ladefläche standen die Milchkannen und lagerten andere Molkereiprodukte. Am hinteren Ende des Pferdewagens befand sich eine eiserne Stufe, die es Frau Hoffmann ermöglichte, auf die Ladefläche zu klettern. Wir Kinder missbrauchten diese Stufe gern als Handgriff und ließen uns beim Rollschuhlaufen vom Wagen mitziehen. Dies sah sie nicht so gern. Daher hielt sie bei der Fahrt durch unsere Straße oft ihre Peitsche in der Hand, was ihrer Beliebtheit bei den Kindern übrigens durchaus abträglich war.

Da zu dieser Zeit auf den Straßen selten ein Auto fuhr, gehörte uns Kindern nicht nur der Fußweg, sondern auch die Fahrbahn zum spielen. Als wir größer waren, übten wir auf Fahrrädern unsere Kunststücke, wie auch das freihändige Kurvenfahren.

Ballspiele waren beliebt und für uns Mädchen ganz besonders die „Ballprobe" an den Hauswänden.

Abbildung 3: Zwei Puppenmütter

Wir spielten nicht nur mit unseren Puppen, sondern auch gern „Hochzeit". Das Brautpaar war festlich angezogen. Die Hochzeitsgäste hatten sich mit hochstehenden Kragen aus Krepppapier geschmückt. Zum Trinken gab es verdünnten „Muckefuck", wir nannten ihn „Gänsewein".

Abbildung 4: Hochzeitsfeier bei Winzers auf dem Hof

Abbildung 5: Vorm Hauseingang unterm Fliederbusch

Im Herbst konnten wir auf den Feld- und Wiesenflächen Drachen steigen lassen. Kinder und Erwachsene hatten an den hoch in der Luft sich im Wind bewegenden selbst gebastelten bunten Drachen ihren Spaß.

Wenn der Wind zu heftig blies, riss auch mal der Bindfaden und der Drachen wirbelte durch die Luft und landete dann meistens in der Gartenkolonie Hainholz.

Die Winter waren immer sehr kalt und lang. Oft lag zwischen Dezember und März Schnee. Bis Weihnachten wohnten wir in der großen Küche. Der große Herd in der Küche sorgte aber auch für reichlich Wärme. Hier saß meine Mutter und nähte und strickte für uns alle.

An einem der Adventssonntage ließ unser Vater es sich nicht nehmen, mit uns Kindern in die Stadt zu fahren. Wir gingen durch die weihnachtlich geschmückten Straßen und bestaunten die Schaufester. Das Kaufhaus Lindemann in der Großen Packhofstraße – heute befindet sich hier das Sporthaus Karstadt – hatte eine besonders schöne und große Spielwarenabteilung. Wir waren glücklich, die wunderschönen Spielsachen ansehen zu dürfen. Weihnachten war ein ganz besonderes Fest. Wir Kinder haben eigentlich gar nicht wahrgenommen, dass auf Grund der Arbeitslosigkeit kaum Geld vorhanden war.

Am Heiligen Abend gingen wir zu Fuß zur Herrenhäuser Kirche zum Gottesdienst. Dass es kalt und windig war, machte uns Kindern nichts aus, obwohl es ein sehr langer Marsch war. Zudem war der Vinnhorster Weg, der den Fuhrenkamp mit dem Zentrum von Herrenhausen verband, recht dunkel. Ab und an wurde der Fußweg von einer alten Gaslaterne erhellt, zumal es an dieser Straße nur das „weiße" und das „schwarze" Haus gab, so jedenfalls die Namen im Volksmund. Beiderseits lagen sonst Schrebergärten. In der Kirche bestaunten wir den ersten großen Tannenbaum voller Lichter. Da begann für uns das Weihnachtsfest. Auf dem Rückweg sahen wir hinter Wohnungsfenstern hier und da schon Kerzen brennen. Zu Hause angelangt, legte meine Mutter die Grammophonplatte „O du fröhliche, o du selige" auf. Dann durften wir ins Wohnzimmer. Dort brannten am Weihnachtsbaum die Kerzen und Friedel und ich freuten uns über unsere Geschenke. Ab jetzt wurde auch der große Kachelofen im Wohnzimmer beheizt.

Wir Kinder hatten Freude am Rodeln wie auch am Schlittschuhlaufen.

Überall bekannt und beliebt für jung und alt war die S-Kurve. Diese befand sich zwischen zwei Bahnlinien. Die eine Bahnlinie ging hinter der Eisenbahnbrücke, die über den Fuhrenkamp führte, Richtung Langenhagen, Celle, Hamburg. Die zweite Bahnlinie führte für den Güterverkehr zum Nordhafen. An dieser Abzweigung gab es eine weitere Eisenbahnunterführung, um auch die angrenzenden Ländereien erreichen zu können.

Zwischen diesen beiden Bahndämmen gab es einen etwa zwei Meter breiten steilen in einer S-Kurve nach unten führenden Weg. Wenn hier der Schnee festgefahren oder gar vereist war, fuhren wir hier mit unserem Schlitten unten weiter über die Ländereien der Gärtnerei Markgraf hinaus, manchmal bis zu seiner Hecke, oder auch hinein.

Oben auf dem Bahngelände stand ein Geräteschuppen aus Wellblech für die Streckenarbeiter. Wenn der Andrang auf der Rodelbahn zu stark war und wir warten mussten, haben wir hier immer bei Wind und Kälte Schutz gesucht.

Unsere Straße war nur einseitig bebaut. Auf der gegenüberliegenden Seite waren noch Wiesen und Felder, wo Gräben für den Regenwasserabfluss sorgten.

Hier konnten wir auf einem dieser zugefrorenen Gräben, der aus Richtung Stöcken kommend durch die Wiesen und dann unter dem Eisenbahndamm durch einen gewölbten betonierten Tunnel weiter Richtung Hainholz floss, Schlittschuhlaufen.

Mit voller Fahrt und Karacho fuhren wir mit unseren Schlittschuhen in den unterirdischen, niedrigen Eisenbahntunnel etwas geduckt hinein und ließen diese bis zum Ausgang gleiten.

Wer ohne anzuhalten bis zum Ausgang ankam, war Sieger.

Im Sommer war der Graben oft bis oben hin mit Wasser gefüllt und zugewachsen. Wir nannten ihn den Aalgraben, weil er stank.

Ein großes Wohngebiet entsteht

In 1936/37 wurden auch hier die Wiesen und Felder mit Einfamilienhäusern bebaut. Die offenen Gräben wurden verrohrt und der Eisenbahntunnel wurde geschlossen und wir behielten die Erinnerung. Insgesamt waren dort zwischen Gretelriede, Heusingerstraße, Am Fuhrenkampe und Bahndamm in den Jahren 1932 bis 1937 – und fortgesetzt nach dem Zweiten Weltkrieg – Carré für Carré Wohnhäuser für Eisenbahner, für Kinderreiche, für Arbeitslose und ohne besondere Auflagen veräußerte Eigenheime gebaut worden. Die zugehörigen Querstraßen zwischen Fuhrenkamp und Gretelriede hat man, abgesehen von der Heusingerstraße, ursprünglich recht prosaisch als ersten bis siebten Seitenweg bezeichnet. Die heutigen Namen wurden erst in den 1960er-Jahren eingeführt. Mit der weiteren Bebauung des Viertels mussten wir einerseits auf die weite Aussicht vom Wohnzimmerfenster bis zum Werksgelände der Firma Louis Eilers und zu einer Keksfabrik verzichten. Wenn der Wind günstig stand, konnte man übrigens am Geruch erkennen, ob in der Keksfabrik gebacken wurde. Mein Bruder ging mit seinen Freunden ab und an dort hin. Für zehn Pfennige gab es eine große Tüte mit Bruchkeks, manchmal sogar Waffeln. Andererseits entstand im Zusammenhang mit den Neubauten nach und nach endlich eine bessere Infrastruktur. In drei Wohnblöcken am Verdener Platz siedelten sich der Konsum, eine Schlachterei, eine Bäckerei, eine Drogerie sowie eine Gaststätte an. In der benachbarten Schönbergstraße gab es eine kleine, von Fräulein Pohle geführte Poststelle, einen Kurz- und einen Schreibwarenladen der Familie Böttcher; und in der Sommerfeldstraße ein Laden für Gartenbedarf und einen Kohlenhändler.

Abbildung 6: „Großer Mercedes" Typ 770 (W07) von 1937

Und Am Fuhrenkampe 56 betrieb der Backofenbauer Emil Langkeit sein Geschäft, ein allgemein bekannter Mann, fuhr er nicht nur bereits 1937/38 ein Cabriolet des Typs „Großer Mercedes", dessen Motor er mit einer Kurbel anließ, sondern er besaß auch ein Segelboot, das er mit einem Trailer im Frühjahr zum Maschsee brachte und vor Wintereinbruch zurückholte. Wir Kinder mochten ihn, denn wir durften auf dem Trittbrett des Mercedes stehend oft ein Stück mitfahren. Selbstverständlich bewegte Herr Langkeit sein schmuckes Automobil dabei nur langsam und vorsichtig. In der Nachbarschaft galt er als wohlhabend.

Unter dem Hakenkreuz

Anfang des Jahres 1933 bekam mein Vater Arbeit im Schichtdienst bei der Hanomag. Über seine Tätigkeit als Aufseher durfte er jetzt, nach der Machtübernahme der Nazis, nicht sprechen. Wie wir später erfuhren, wurden hier schon wieder Waffen und Munition hergestellt. Wenn er Nachtschicht hatte, saß er abends in der Küche auf der Fußbank und bereitete die Leuchte für sein Fahrrad vor. Die ganze Küche stank dann immer nach Karbid. Nach geraumer Zeit wurde ihm auf Grund seiner Beschäftigung in der Waffenproduktion „nahe gelegt", in die SA einzutreten. Nun musste er, bekleidet mit der hellbraunen Uniform, Schirmmütze und schwarzen Stiefeln, neben dem Schichtdienst noch oft zu Versammlungen. Er war nun immer in Eile und sprach wenig mit uns Kindern. Wir erkannten unseren Vater kaum wieder. Es war noch kein Jahr vergangen, da trat er wieder aus der SA aus, gab seine Uniform ab, und er war wieder der gut gelaunte Vater von früher. Allerdings hatte er durch den Austritt seine Arbeit bei der Hanomag verloren. Zum Glück fand sich bald eine Anstellung bei der Firma Louis Eilers im Brückenbau.

Das Fahrrad war *das* Verkehrsmittel jener Jahre. Mein Bruder war viel mit ihm unterwegs, während ich zunächst noch zu Fuß gehen musste und ihm sehnsüchtig nachsah. Da nahm ich mir eines Tages das große schwarze Herrenrad meines Vaters und schob es den langen Gartenweg auf unserem Grundstück immer wieder herauf und hinunter. Schließlich kletterte ich schräg von links durch den Rahmen, sodass ich, den Körper bis zur Achsel noch unter der Querstange, mit dem rechten Fuß das äußere Pedal erreichte. So machte ich meine ersten Fahrversuche, obwohl ich dabei aber kaum den Lenker halten konnte. Dennoch, in dieser Schräglage fahrend, wurde ich von Tag zu Tag sicherer. Doch zunächst sollte meine Mutter das Radfahren lernen. Mein Vater baute aus neuen Teilen ein Fahrrad für sie zusammen. Geübt wurde entlang der Verdener Straße und der Hansastraße nahe dem Mittellandkanal, die über die Mecklenheidestraße und einen Waldweg zu erreichen war. Hier war so gut wie kein Verkehr und niemand kannte uns. Meiner Mutter wären die Übungsfahrten sonst höchst peinlich gewesen. Mein Vater lief neben ihr her und gab Anweisungen. Er bemühte sich sehr, aber leider hatte meine Mutter nach einigen Übungstagen bereits so viele Hautabschürfungen und Prellungen, dass sie diese Form der Fortbewegung endgültig aufgab. Nun konnte ich mich freuen. Mein Vater baute eine Sattelstütze an den Rahmen und ich hatte endlich ein passendes Rad. Ich saß auf dem großen Fahrrad wie ein Affe auf dem Schleifstein. Mein Bruder foppte mich damit.

Arbeitsbeschaffungsmaßnahme

Etwa zu dieser Zeit ließen die Nazis in Hannover als – wie ich heute weiß – schlecht bezahlte Arbeitsbeschaffungsmaßnahme den Maschsee anlegen. Wenn ich mit meiner Mutter Verwandte, nämlich Großonkel Ernst und Großtante Dora Söftje, im Stadtteil Döhren besuchte, passierten wir auf unserem Weg dorthin vom Neuen Rathaus durch die Leine-Masch die riesige Baustelle. In Handarbeit wurde hier das Erdreich ausgehoben, in Loren geschaufelt, die man dann auf Schienen wegschob und andernorts leerte. Große Baumaschinen wurden nicht eingesetzt, um möglichst viele Männer zu beschäftigen.

Abbildung 7: Musikpavillon am Nordufer des Maschsees (Fotograf Wilhelm Hauschild)

Die Maschsee-Einweihung fand schließlich am 21. Mai 1936 statt. Für die Hannoveraner war dies ein großes Ereignis. Um den gesamten Maschsee herum, insbesondere aber am Musikpavillon am Nordufer, drängten sich die Menschen.

Abbildung 8: Einweihung auf See und großes Feuerwerk
(rechtes Foto: Fotograf Wilhelm Hauschild)

Viele Bootsbesitzer konnten die Einweihung auf dem See mitgestalten. Zum Abschluss gab es ein großes Feuerwerk, an das ich mich lebhaft erinnere.

Gleiches gilt übrigens für ein Sportfest des MTV Herrenhausen, dem ich angehörte. Im Rahmen dieser Veranstaltung habe ich als Sieben- oder Achtjährige mit meinen Vereinskameradinnen Tänze im Crystall-Palast aufgeführt, einem beliebten, großes Tanz- und Gesellschaftslokal, das sich von 1914 bis weit nach dem Zweiten Weltkrieg am Betriebsgelände der Herrenhäuser Brauerei befand.

Abbildung 9: Chrystall-Palast in der Herrenhäuser Straße

Erste Schwimmversuche

Mit den Sommerferien 1936 begann meine Zeit als Wasserratte. Im Stadtteil Vinnhorst befand sich am Mittellandkanal eine Badeanstalt mit großer Liegewiese, einigen Bäumen, mit einfachen Umkleidekabinen und Toiletten sowie einem Kiosk. An der Kanalböschung standen auch Ruhebänke. Im Wasser, der Kanal war überraschend sauber und wohl temperiert, gab es einen großen Abschnitt für Schwimmer einschließlich Ein- und Drei-Meter-Sprungbrett, der von der Fahrrinne für den Schiffsverkehr durch auf dem Wasser liegende Rundbalken, die auf dem Grund fest verankert waren, abgegrenzt war. Der Nichtschwimmerbereich hatte einen erhöhten Holzfußboden. Er war als der „Gänsestall" bekannt, da die Abgrenzung zum tiefen Wasser durch Maschendraht zwischen Betonpfosten sichergestellt wurde. Die Saison-Badekarte für Kinder kostet ganze 1,50 RM, ein erschwingliches Vergnügen. Wenn mein Bruder Friedel und sein gleichnamiger Freund zum Baden wollten, erlaubte meine Mutter in der irrigen Annahme, das die großen Jungen ein Auge auf uns haben, dass ich zusammen mit Gertrud, der Schwester des „anderen" Friedel, mitging. Wir Kleinen waren ja noch Nichtschwimmerinnen. Allerdings hatte meine Mutter mir zwei Kissen aus Nesselstoff genäht und mit einem Stoffstreifen verbunden. War der Nesselstoff nass, konnte man durch Hineinpusten ein recht dauerhaftes Luftkissen erzeugen. Dann legte ich mich auf den Stoffstreifen und die

Nesselstoffkissen hielten mich über Wasser. Bald gesellten sich auch Helga und Renate sowie Edith, Gertruds Cousine zu uns. Sie wohnte im Haus des Bäckermeisters Oswald Saatze in Vinnhorst, der ihr oft Kuchen vom Vortage mitgab, eine willkommene Ergänzung unserer mitgebrachten Stullen und Getränke. Alles wurde dann genüsslich auf der Liegewiese auf mitgebrachten Decken verzehrt. Am Ende der Sommerferien hatten alle Mädchen den Freischwimmer erworben und konnten nun wie die Jungen den Schwimmerbereich und den Sprungturm unsicher machen.

Haustürgeschäfte

Im selben Jahr, also 1936, kauften meine Eltern etwas Sensationelles: ein Radio. Der Verkäufer kam eigens per Fahrrad aus Hainholz zum Fuhrenkampe und führte mehrere Geräte vor. Die Entscheidung fiel zugunsten eines Apparates der Firma Mende aus. Wenig später, es war in der Vorweihnachtszeit, erschien der nächste Vertreter, er „reiste in Staubsaugern". Wieder wurde man handelseinig. Abends sah ich den stabilen Karton auf dem Küchenschrank stehen und war mir sicher, zu Weihnachten eine große Puppe zu erhalten. Eine höchst lehrreiche Erfahrung, nicht alle Träume werden im Leben wahr.

Abbildung 10: Ostern 1937: Besuch bei Hölschers

Allein verreist

In den Sommerferien 1937 fuhr Friedel zu Verwandten, Onkel Klaus Beiner und Tante Johanna, eine Halbschwester meiner Mutter, nach Hamburg. Mich nahm Onkel Carl Brockmann, einer der Brüder meiner Mutter, mit nach Harderode zu Onkel Heinrich und Tante Anna Hölscher. So verreiste ich zum ersten Mal ohne Eltern. Aber ich fuhr gern nach Harderode. Dort fanden sich immer viele Kinder zum spielen. Allein die Eheleute Werner, die mitten im Ort im Armenhaus wohnten, hatten neun an der Zahl. Die Dorfkinderschar war daher oft im großen Hof des Armenhauses und am benachbarten, kleinen Bach anzutreffen. Herr Werner arbeitete im Steinbruch am Ith und anschließend oft noch im Landwirtschaftsbetrieb unserer Verwandten. Sonnabends wurden alle Kinder der Familie der Reihe nach in einer Zinkwanne gebadet, jeder neue Badegast erhielt dabei etwas warmes Wasser nachgefüllt. Wer fertig war, bekam frische Kleidung an und nahm auf einem der beiden Küchensofas Platz. Ich durfte mit in die Küche und saß meistens still auf einer Holzkiste neben dem Herd und beobachtete alles höchst interessiert. Auch bei Frau Schumacher waren wir Kinder immer gern gesehen. Familie Schumacher bewohnte ein kleines, altes Fachwerkhaus, das ebenfalls unmittelbar am Bachufer lag. Am Haus stand eine alte Holzbank und daneben wuchs ein Grafensteiner Apfelbaum. Mit Sohn Heini und anderen Kindern bin ich oft im Feuerlöschteich schwimmen gegangen. In der Erntezeit half Frau Schumacher Hölschers auch immer bei der Feldarbeit.

Die Subunternehmerin

Dann kam das Jahr 1938, in dem ich mein erstes Geld verdiente. 20 Pfennige in der Woche als „Subunternehmerin" unserer Nachbarin. Frau Tatge trug werktäglich nachmittags den „Hannoverschen Anzeiger" aus. Ihr Fahrrad ächzte unter der Belastung der zahllosen Tageszeitungen. Ab und an durfte ich die Verteilung der exakt 24 Zeitungen in unserer Straße übernehmen und war anschließend stolz über meinen Verdienst.

Die Volksgasmasken

Ich erinnere mich auch, im selben Jahr mit meiner Mutter in die Stöckener Schule gegangen zu sein, um die Volksgasmasken anzuprobieren und je eine pro Person gegen Zahlung von drei Reichsmark zu erwerben. Dazu waren wir verpflichtet. Jeder trug seinen Karton mit der Maske nach Hause. Unterwegs war meine Mutter sehr nachdenklich und hat wenig mit mir gesprochen. Auch mein Vater und mein Bruder machten dann mit dem Fahrrad die gleiche Tour, um ihre Masken zu holen. Mir war die Bedeutung der Maskenausgabe nicht klar. Dass ab 1937/38 in Hannover Bunker gebaut wurden, dass an der französischen Grenze der Westwall entstand, dies nahm eine Achtjährige selbstverständlich nicht wahr, obwohl beim Bau des Bunkers am Verdener Platz beschäftigte auswärtige Maurer vorübergehend in der näheren Umgebung untergebracht waren.

Ein trauriger Besuch

Noch im selben Jahr kam an einem Sonntagnachmittag Frau Kubzig zu Besuch. Sie hatte vor 1922 viele Jahre mit meinen Großeltern in demselben Haus „Am Taubenfelde" in der Nähe des Klagesmarktes gewohnt. Die Großeltern haben gebaut und zogen 1922 zum Fuhrenkamp. An jenem Sonntag tranken Frau Kubzig und meine Mutter in der Küche allein Kaffee. Beim Abschied weinten beide. Am nächsten Morgen fuhr ich mit meiner Mutter in die

Stadt. In der Großen Packhofstraße in Hannovers Innenstadt gab es, unmittelbar neben dem bekannten Kaufhaus Sternheim & Emanuel, das Teppich- und Wäschegeschäft Strauß. Herr Strauß, der Besitzer und zugleich Schwiegersohn Frau Kubzigs, war Jude. Hier kaufte meine Mutter an jenem Montag Wäsche und Gardinen. Erst später habe ich erfahren, dass die Einkäufe direkt bei Frau Kubzig, die nicht der jüdischen Religion angehörte, bezahlt worden waren, um das Geld vor dem drohenden Zugriff der Nazis zu retten. Und tatsächlich, nur wenig später sind in der Reichsprogromnacht vom 9. auf den 10. November 1938 beide benachbarte Geschäfte Sternheim & Emanuel und Strauß geplündert worden. Der Tochter Frau Kubzigs, wie ihre Mutter keine Jüdin, legte man nahe, sich scheiden zu lassen. Sie tat es nicht und ging mit ihrem Mann ins Konzentrationslager. Beide haben schwer erkrankt den Krieg überlebt.

Kriegsbeginn – die ersten Bomben

Im Jahr 1939 wurden die Sommerferien verlängert, um in den Schulen Wehrmachtsangehörige kurzfristig unterbringen zu können. Zugleich gab es ab sofort Verdunklungsvorschriften. Alle Fenster mussten nachts lichtdicht abgedunkelt sein. Meine Eltern waren im Haus einige Zeit mit diesen Maßnahmen beschäftigt, sodass ich unbeaufsichtigt nach und nach die reifen Früchte von unserem Pfirsichbaum abpflückte und aß. Als meine Eltern nach einer Woche wieder mit mehr Muße in den Garten kamen, gestand ich meinen Mundraub. Der Baum war vollständig abgeerntet. Mochten die Pfirsiche auch köstlich sein, selbst wir Kinder spürten die bedrückende Stimmung. Immer mehr Väter wurden eingezogen. Die Menschen deckten sich mit Lebensmitteln ein, kurz darauf wurden Lebensmittelmarken eingeführt. Am 1. September 1939 begann mit dem deutschen Einmarsch in Polen der Zweite Weltkrieg; und am 19. Mai 1940 fielen die ersten Bomben in Hannover in das nahe Stöckener Holz. Es war in der Nacht vom Sonnabend auf Sonntag. Neugierig fuhren wir Kinder mit dem Fahrrad am nächsten Morgen dort hin und bestaunten die Bombentrichter. Es sollten nicht die letzten gewesen sein.

Am letzten Schultag vor den Sommerferien mussten sich stets alle Klassen mit ihren Lehrern vor dem Schulgebäude in der Wendlandstraße aufstellen. Rektor Müller stand am offenen Fenster im Erkerzimmer und hielt eine Ansprache. Anschließend wurden alle Strophen des Horst-Wessel-Liedes „Die Fahne hoch" und der Nationalhymne gesungen. Während der gesamten Zeit war der rechte Arm zum Hitlergruß zu heben. Dies fiel allen Kindern so schwer, dass sie ihn mit der linken Hand abstützten oder unauffällig beim Vordermann auf dem Tornister ablegten. Während der Sommerferien mussten viele Kinder dann Zweige von Maulbeerbäumen pflücken, die in der Gartenkolonie Burg jenseits des Vinnhorster Weges in großer Zahl angepflanzt worden waren. In unseren Klassenräumen wurden auf den Tischplatten Seidenraupen damit gefüttert. Aus der gewonnenen Seide stellte man Fallschirme für die Luftwaffe her.

Abbildung 11: Ein Sonntag in Herrenhausen

Kinderlandverschickung (KLV)

Im Laufe des Jahres 1941 nahmen die Fliegeralarme und Luftangriffe zu. Daraufhin wurde die so genannte Kinderlandverschickung eingeführt, um Schulkinder aus bombardierten Regionen vor Gefahr und Stress zu schützen. Lehrer begleiten ihre Schützlinge. Die Teilnahme an der „KLV" war jedoch freiwillig. Im März 1941 sollte meine Klasse nach Podibradi bei Prag reisen. Auch ich war angemeldet. Über die Dauer der Kinderlandverschickung gab es keine verbindlichen Absprachen. Dieser Gedanke beschäftigte mich auf dem Rückweg von unserer Schneiderin, wo ich noch einen Faltenrock für die Reise genäht bekam, sehr. Ich war inzwischen stark verunsichert und entschloss mich schließlich, zu Hause zu bleiben. In dieser Zeit habe ich manchmal den kleinen Sohn Frau Konopskis, die, wie Frau Tatge, in der anderen Hälfte unseres Doppelhauses wohnte, nachmittags spazieren gefahren oder mit ihm in der Wohnung gespielt. Ich besuchte Frau Konopski gern, zumal auch sie über etwas Abwechslung erfreut war, denn ihr Mann war in Norwegen stationiert. Ich durfte mir zudem aus der gut sortierten Bibliothek stets Bücher ausleihen und habe dann abends heimlich im Bett Hedwig Courths-Mahler Bücher verschlungen, etwas heile Welt in schlimmer Zeit.
Zu größerer Zerstörung kam es in unserem Wohnviertel erst ein Jahr später im März 1942. Die Flak beschoss im Scheinwerferlicht ein feindliches Flugzeug. Dann ging

plötzlich eine Luftmine hinter den Häusern des Fuhren-kamps nieder. Ringsherum waren die Wohngebäude schwer beschädigt. Zu dieser Zeit war es jedoch noch möglich, die Gebäude wieder vollständig in Stand zu setz-ten. Dennoch war ich froh, ab und an der Stadt entkom-men zu können. Eine solche Chance ergab sich, als Onkel Heinrich Hölscher, der ab 1942 Soldat war und in Frank-reich eingesetzt wurde, ein Paket nach Hause schicken wollte. Es wurde von einem seiner Kameraden auf dem Weg in den Heimaturlaub mitgenommen und mir in Han-nover auf dem Hauptbahnhof übergeben. Am darauffol-genden Tag fuhr ich mit dem Zug nach Hameln und wei-ter per Bus nach Harderode. Auf dem Wohnzimmertisch packte Tante Anna die Sendung aus. Zum Vorschein kam ein Radio, Kaffee und Schokolade. So konnten wir abends vor dem Haus unter dem weit geöffneten Wohnzimmer-fenster auf einer Bank sitzen, Radio hören, etwas naschen und verträumt dem Wasser nachsehen, das den kleinen Bach vor dem Haus entlang floss, immer den alten Wei-den folgend und unter dem Steg hindurch, der in eine große Streuobstwiese vis-à-vis führte. Diese Idylle darf aber nicht darüber hinweg täuschen, dass der Kriegsalltag auch auf dem Dorf beschwerlich sein konnte. Tante Anna führte den Hof ja ohne ihren Mann. Als Hilfe war ihr ein französischer Kriegsgefangener zugeteilt worden. Wir nannten den netten jungen Mann nur „Moritz", vermutlich hieß er eigentlich Maurice. Er trug stets einen graugrünen Arbeitsanzug, dessen Jacke auf der Rückseite mit den

Buchstaben „KG" –Kriegsgefangener– versehen war. Ihn störte das weniger als uns. Moritz übernahm die schweren Arbeiten, kehrte danach abends zu einer Sammelunterkunft in das Dorf zurück. Das Mittagessen nahm er trotz eines einschlägigen Verbotes selbstverständlich mit uns gemeinsam ein. Alles andere wäre für Tante Anna undenkbar gewesen. Und Moritz hatte in der Waschküche einen großen Brotbeutel deponiert, in dem er Schokolade versteckt hielt. Ich kann mir beim besten Willen nicht erklären, wir er an diese Köstlichkeiten gekommen war. Wie dem auch sei, jedenfalls bekam ich ab und an etwas Süßes von ihm geschenkt.

Zur Kriegsmarine

Im Oktober 1942 meldete sich mein Bruder mit 18 Jahren freiwillig zur Kriegsmarine, um einem Ostfronteinsatz zu entgehen. Er wurde in Aurich als Funker ausgebildet. Hier konnte ihn meine Mutter noch einmal besuchen. Friedel kam dann auf ein Vorpostenboot und war wohl meist im Seegebiet zwischen Cuxhaven und Rotterdam unterwegs. Von nun an hörten wir oft wochenlang nichts mehr voneinander. Dennoch saß meine Mutter oft am Küchentisch und schrieb Feldpostbriefe an Friedel. Sie backte für ihn Kleingebäck, das ich „Butterzwieback" nannte und das haltbar sein musste, denn die Post war sehr lange unterwegs. Oft erreichten ihn die Päckchen sogar überhaupt nicht.

Seit Anfang 1943 lebten meine Eltern und ich ganz allein im Haus. Die junge Familie im Erdgeschoss, sie wohnte in der früheren Wohnung meiner Großeltern, hatte das Haus verlassen. Der Mann war Soldat und die Frau mit ihren zwei kleinen Kindern hatte man in den Harz evakuiert. Im März 1943 wurde ich konfirmiert und leistete anschließend bis März 1944 mein arbeitsreiches „Pflichtjahr" beim Bäckermeister Göttling in der Mecklenheide Straße ab. Hinterher war ich froh, wieder zur Schule gehen zu dürfen. Mein Vater wurde nicht eingezogen, war aber im Laufe des Krieges dienstverpflichtet worden und arbeitete nicht mehr bei der Firma Eilers, sondern im Wülfeler Eisenwerk. Meine Mutter hatte, da sie noch keine 45 Jahre alt war, ebenfalls in einem kriegswichtigen Betrieb zu arbeiten. Sie half in der Produktion der Firma Hans Skodock, Metallverarbeitung, Am Entenfang 12.

Tagesangriff 26. Juli 1943

Am 26. Juli 1943 erlebte Hannover den ersten heftigen Tagesangriff. Schwere Bombenflugzeuge der US-Luftflotte warfen erst Spreng-, dann Brandbomben ab. Sie zerstörten die Innenstadt und mit ihr das Leineschloss, Wangenheimsche Palais, Café Kröpcke, Opernhaus, Markthalle und Hauptbahnhof; die Altstadt mit ihren mittelalterlichen Fachwerkhäusern und historischen Kirchen fiel den Flammen zum Opfer.

Abbildung 12: Café Kröpcke

Abbildung 13: Altstadt, rechts Markthalle (Fotograf Wilhelm Hauschild)

Abbildung 14: Bahnhofstraße, hinten mit Hauptbahnhof

Die Wirkung dieses Großangriffs lässt sich vielleicht anhand eines Erlebnisses aus jenen Tagen beschreiben. Auf dem Weg zum Bunker am Verdener Platz konnten meine Mutter und ich am Himmel spätabends den gewaltigen Feuerschein der brennenden Hamburger Innenstadt sehen, die durch Spreng- und Phosphorbomben zerstört wurde.

Opernhaus Hannover

Tante Anna und Onkel Bernhard Lübbe hatten in Harderode neben der großen Landwirtschaft und Gaststätte in ihrem Haus in der ersten Etage noch einen sehr schönen
großen Saal.

Abbildung 15: Anwesen von Bernhard und Anna Lübbe in
Harderode

Dieser Saal war in der Zeit ab 1939 von der Stadt Hanno-
ver gemietet worden. Die gesamte Garderobe des Opern-
hauses war hier ausgelagert.
Der Schneidermeister, Herr Frick, er war Angestellter der
Stadt Hannover, wohnte ständig hier im Haus.
Die im Saal auf Ständern hängende Garderobe hatte er zu
überwachen und wenn nötig, auch auszubessern.
Vor jeder Vorstellung wurde die benötigte Garderobe nach

Hannover gefahren und danach sofort wieder zurück gebracht. So überlebte die Garderobe den Bombenangriff. Nach der Ausbombung des Opernhauses im Juli 1943 wurde die benötigte Garderobe dann weiter nach Herrenhausen ins Galeriegebäude geliefert, wo wieder Theateraufführungen stattfanden.

Schwerster Bombenangriff am 8./9. Oktober 1943

Völlig überraschend kam mein Bruder, ausgerechnet am 8./9. Oktober 1943 nach langer Zeit endlich „auf Fronturlaub". Sein Zug musste während des Nachtangriffs auf Hannover zwischen Herrenhausen und Hainholz halten. Die Fahrgäste verließen die Wagen und verteilten sich draußen auf Wiesen oder in Schrebergärten beiderseits des Bahndamms. Hier erlebte Friedel den schwersten Bombenangriff des Zweiten Weltkrieges auf Hannover. Nur noch nackte Hausfassaden blieben in der Innenstadt stehen, die Marktkirche, das Alte Rathaus, wie auch die Aegidienkirche. Diese wurde später nicht wieder aufgebaut, sondern ihre Ruine ist seither Gedenkstätte für Kriegsopfer.

Abbildung 16: Marktkirche und Altstadt

Abbildung 17: Rechts vorne die Ruine der Aegidienkirche, auch das ausgebrannte Opernhaus (hinten Mitte) ist zu erkennen

Er versuchte, dann zu Fuß mit seinem Seesack nach Hause zu kommen und traf uns im Bunker an. Trotz des Angriffs waren wir alle sehr froh, denn wir hatten uns fast ein Jahr nicht mehr gesehen.

Besuch der Buhmann-Schule

Seit April 1944 besuchte ich die Buhmann-Schule am Thielenplatz. Ich hatte Glück und kam in eine Klasse, in der Herr und Frau Buhmann selbst unterrichteten. Sie beide haben ihre Schülerinnen und Schüler sehr intensiv ausgebildet. Ich lernte bei ihr Steno und Maschinenschreiben, bei ihm Buchführung. Allein schon für diese drei Fächer musste man zu Hause noch sehr fleißig arbeiten. Dies geschah meist zwischen 14:00 und 17:00 Uhr, nach den Tagesangriffen der Briten und vor den Nachtbombardements der US-Amerikaner. Ich dachte damals immer, um diese Zeit nähmen die Engländer wohl ihre Teepause... Auf meiner „Erika"-Schreibmaschine habe ich dann täglich so lange geübt, bis ich eine DIN A 4-Seite fehlerfrei blind mit dem Zehnfingersystem geschrieben hatte. Zur Übung versuchte ich auch Radiosendungen mit zu stenographieren. Doch mein Lieblingsfach war „Scheck- und Wechselkunde". Unser Lehrer, Herr Camlade, verstand es, den Lehrstoff interessant zu vermitteln.

Wenn ich mittags aus der Schule kam, sah ich als erstes in den Briefkasten. An einem heißen Sommertag des Jahres 1944 fand ich hier einen Trauerbrief. Ich erschrak und zitterte am ganzen Körper. Ich dachte das Schlimmste. Tante Lina Kohlenberg aus Harderode benachrichtigte uns, dass ihr Mann Fritz in Russland gefallen sei. Als ich nachmittags zum Milchholen gehen wollte, traf ich meine Mutter an unserer blühenden Rosenhecke vor dem Haus.

Sie kam von der Arbeit und sah mir sofort an, dass etwas passiert war, und ging ohne ein Wort zu sagen schnell ins Haus. Wir alle waren sehr bedrückt und traurig.

Während der Unterrichtszeit gingen wir bei Fliegeralarm gemeinsam in das Gerichtsgebäude am Volgersweg. Hier fühlten wir uns im Gewölbekeller einigermaßen sicher. Nachdem die Luftangriffe jedoch immer häufiger wurden, suchten meine Mitschüler und ich den unterirdischen Bahnhofsbunker auf. Das Dach vom Bahnhofsgebäude war inzwischen bereits zerstört, nur die Außenwände standen noch. So mussten wir in der Warteschlange vor dem Bunkereingang unter freiem Himmel stehen. Auch hier überraschten uns die feindlichen Flugzeuge bisweilen. So entschloss ich mich, in den Hinüberschen Park in die Brüderstraße zu laufen. Heute befindet sich dort das Gebäude der Postbank. Der Park war von einer hohen Mauer umgeben und hatte an der Brüderstraße ein großes, schmiedeeisernes Tor, das immer halb offen stand. Im Park gab es einen zur Hälfte unter der Erde befindlichen, überdachten Lauf- und Splittergraben aus Beton. An beiden Seiten der „Röhre" befanden sich Bänke. Meine Patentante, die in der Herrenstraße wohnte, suchte hier auch immer Schutz. Man wurde ständig informiert, wo sich die feindlichen Flugzeuge befanden.

Im September 1944 litt ich unter Magenschmerzen und hohem Fieber. Meine Eltern nahmen mich im Handwagen mit zum Bunker. Als nach Tagen keine Besserung eintrat, überwies mich unser Hausarzt Dr. Zander senior ins Krankenhaus. Hier vermutete man eine Gallenblasenentzündung, ohne jemals eine endgültige Diagnose stellen zu können. Ich bekam nur flüssige Nahrung wie Suppen zu essen. Nach der Entlassung habe ich mich nur langsam wieder erholt. Alle Menschen wurden durch die zunehmende Häufigkeit der Bombardierungen und der Überflüge durch die feindlichen Kampfflugzeuge auf dem Weg nach Berlin und zurück sowie die daraus resultierenden langen Bunkeraufenthalte physisch wie psychisch stark belastet. Es kam auch vor, dass feindliche Einzelflugzeuge Bomben abwarfen und danach erst der Alarm ausgelöst wurde. Viele ausgebombte Hannoveraner verließen mit ihrer restlichen Habe die Stadt. Ein besonders begehrtes Ziel der Alliierten waren die Anlagen der Erdölraffinerie Deurag-Nerag in Misburg. Am schlimmsten war es in den letzten beiden Kriegsjahren. Manchmal hat es dort tagelang gebrannt.

Die Buhmann-Schule wurde im November 1944 geschlossen. Bei fast ständigem Fliegeralarm war kein geordneter Unterricht mehr möglich. Wir mussten stattdessen in der Rüstungsindustrie arbeiten. So kam ich zur Firma I.H. Benecke nach Vinnhorst, wurde aber nur mit Büroarbeiten im Rechnungswesen beauftragt. Mein Vater war im Wülfeler Eisenwerk dienstverpflichtet, meine Mutter arbeitete bei der Fa. Skodock und ich war nun bei der Fa. I.H. Benecke tätig. Tagsüber ging ich nun mit meiner neuen Kollegin, Frau Groschwitz, bei Fliegeralarm in den Vinnhorster Bunker. So waren wir in alle Himmelsrichtungen verteilt und waren abends froh, wenn wir uns wiedersahen. Von meinem Bruder kam kaum noch Post. Auch die Firma Louis Eilers arbeitete für die Rüstung. Es wurden Teile für U-Boote hergestellt. Am Nordende des Firmengrundstückes konnte man sogar von der Gretelriede über die Mauer hinweg große, runde Stahlbehälter liegen sehen. Die Nähe zu diesem Betrieb war wohl ein Grund für die zunehmenden Bombeneinschläge in unserer Gegend. Eines Abends wollte ich mit meiner Mutter schon bei Voralarm zum Bunker. Als wir aus der Haustür traten, war der Himmel jedoch längst voller „Tannenbäume", mit deren Hilfe die Royal Air Force die Bombenabwurfgebiete taghell erleuchtete. Das tiefe, immer lauter werdende Brummen der Flugzeuge war unheimlich. Erwachsene wie Kinder auf der Straße schrien und rannten in Richtung Bunker. Meine Mutter wollte noch bis zum Verdener Platz und zu einer Bekannten, Frau Becker, flüchten. Ich war viel zu verängstigt und rannte in das nächstbeste Haus, Am Fuhrenkampe 64, das die Familie Friedrichs bewohnte, schließlich dicht gefolgt von meiner Mutter. Wir setzten uns in der Waschküche im Keller auf eine Steinstufe und hörten das grauenhafte Heulen einer Bombe. Sie zerstörte den etwa 50 Meter entfernt liegenden Löschteich und das ihm benachbarte Haus von Frau Becker. Auf der Straße gab es viele Opfer. Es war einfach nur schrecklich...

23. November 1944 ausgebombt

Am späten Abend des 23. November 1944 zerstörte dann eine Luftmine unser Wohnhaus. Ich befand mich mit meiner Mutter zum Glück im Bunker, während mein Vater mit anderen Männern zur Beobachtung der Angriffe im Freien geblieben war, aber unversehrt blieb. Nach Ende des Fliegeralarms stand ich mit meinen Eltern noch lange apathisch vor unserem staubenden Schutthaufen, jeder mit seinen Taschen voller Kleidung für den Notfall und wichtiger Dokumente in den Händen. Frau Thonke und ihr Mann, ein Ehepaar aus dem Bekanntenkreis meiner Eltern, holten uns schließlich gegen Mitternacht zu sich in die Küche und bereiteten für uns etwas Heißes zu trinken. Wir saßen bis zum Morgen zusammen. Dann gingen wir zur Sammelstelle für Ausgebombte in Stöcken, bekamen einen „Bombenpass" und wurden umgehend in eine Wohnung im Haus Am Fuhrenkampe 38 eingewiesen. Die eigentlichen Bewohner hielten sich nicht in Hannover auf. Herr Rokahr war als Soldat an der Front und seine Frau mit ihren Kindern nach Thüringen evakuiert. Verwandte von ihnen räumten noch am selben Tag die Küche und ein Zimmer für uns leer. Von Großonkel und Großtante Söftje aus Döhren bekamen wir ein paar Möbelstücke für unsere neue Unterkunft. Alte Bettgestelle füllten wir mit Strohsäcken, denn Matratzen hatten wir nicht. Und wir lernten die Familie Schaper, die auch ausgebombt war und im Haus Nr. 38 wohnte, kennen und schätzen. Dass nach der Ausbombung viele Dinge zu regeln waren, hatte auch ein Gutes. Man fand weniger Zeit, um trüben Gedanken nachzuhängen. Ein paar Tage nach dem 23. November 1944 ging ich bei strömenden Regen durch die Sommerfeldstraße und vermisste meinen Regenschirm. Es dauerte, bis mir einfiel, dass ich keinen Regenschirm mehr besaß, ja nicht einmal mehr ein Haus, in dem ich den Regenschirm hätte vergessen können.

Am 29. November 1944 wurden im Viertel um den Fuhrenkamp des Abends weitere Häuser zerstört. Auf unser Grundstück fielen zwei Sprengbomben und zerstörten eine Reihe unserer Obstbäume. Nun „besaßen" wir zwei Bombentrichter, je einen im Garten wie im Vorgarten, sowie den alten Birnbaum neben der Gartenpforte, der durch die vielen Bombensplitter recht „schlank" geworden war. Er lebt, inzwischen wohl 80 Jahre alt, heute noch.

Anfang Dezember 1944 warteten wir wieder einmal wochenlang auf Nachricht von meinem Bruder. Auch unsere Briefe kamen bei ihm nicht an. Endlich erhielten wir dann eine Feldpostkarte, deren Text ich nie vergessen werde:

„Warum höre ich nichts von Euch?
Schreibt, schreibt, schreibt!"

Weihnachten 1944 kam mein Bruder noch mal auf Kurzurlaub.

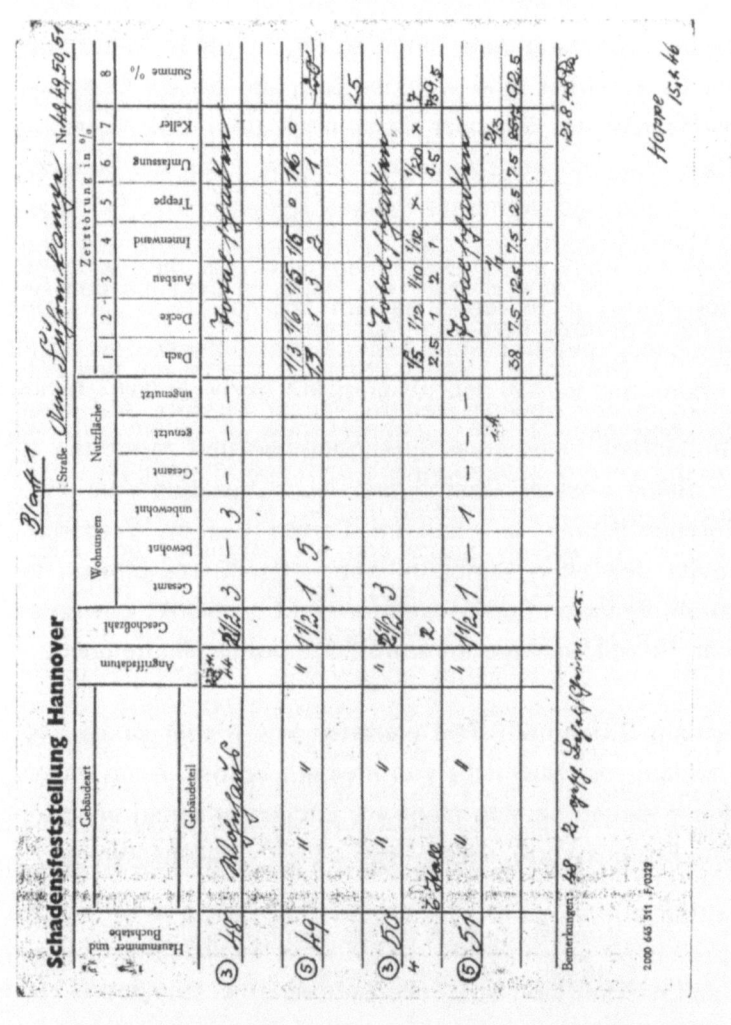

Abbildung 18: Schadensfeststellung vom 15.2.1946 über die Zerstörung unseres Wohnhauses Am Fuhrenkampe 48 am 23.11.1944

Schadensfesstellung Hannover

Straße **Am Schwarzenkampe** Nr. **72**

Buchstabe	Gebäudeart / Gebäudeteil	Angriffsdatum	Geschoßzahl	Wohnungen Gesamt	Wohnungen bewohnt	Wohnungen unbewohnt	Nutzfläche Gesamt	Nutzfläche genutzt	Nutzfläche ungenutzt	Dach	Decke	Ausbau	Innenwand	Treppe	Umfassung	Keller	Summe %
3	a. Wohnhaus	28/10	2	2	.	2				1/4	1/4	1/4	1/4	1/4	1/4	1/4	49,70%
4	b. Stall	11	MH.D.	2						1/4	1/2	1/4	1/4	1/4	1/4	1/4	29,2%
50 ×	2 Dachgeschoß	28/11 44	1	3		3	20 .		1/4	1/4,6	1/8 +8	1/2 +0,4	1/6 +8	1/4	1/4 +8	—	1/4
×	z. Stall		2 1/2							leicht beschädigt
51 ×	2 Dachgeschoß		1	1		1				1/2	1/4	1/4	1/4	1/4	1/4	1/4	
×	z. Stall		· 2 1/2							1/4	1/4	1/4	1/4	1/4	1/4	×	

Bemerkungen: × Schütz v. Kopf.
Zu a. u. b.: Totalschaden.

Die Firma Louis Eilers beschäftigte auch russische Kriegs-gefangene. Sie waren auf dem Firmengelände in Baracken untergebracht. An einem Sonnabend gegen Ende des Jahres 1944 erhielt mein Vater die Genehmigung, vier Gefangene aus dem Werk abzuholen. Sie halfen im Garten, die Bombentrichter, so weit wie möglich, wieder zuzu-schaufeln. Obwohl es uns strengstens untersagt war, Gefangene mit Lebensmitteln zu versorgen, kochte meine Mutter für die Arbeiter eine dicke Suppe mit Kartoffeln und in Margarine angebratenen Zwiebeln. Die Zutaten stammten aus unserem zerbombten Keller. Die fertige Suppe wurde in einen emaillierten Wassereimer gefüllt, in eine große Decke gehüllt und zugebunden. Den so gleichermaßen isolierten wie getarnten Eimer sowie vier Teller, Löffel und Suppenkelle musste ich zum Fahrradschuppen bringen, einen Teil des nicht völlig zerstörten Anbaus. Hier standen noch unser alter Gartentisch und Stühle. So kamen zunächst die ersten beiden Gefangenen, dies war unauffälliger, dann die anderen zwei zum Essen. Die Tür wurde fest zugemacht. Die dankbaren, aber auch ängstlichen, abgemagerten Gesichter sehe ich noch heute vor mir.

Zu Beginn des Jahres 1945 fielen an einem Sonnabend in der Nacht zum Sonntag wieder einmal Spreng- und Brandbomben auf unsere Stadt. Besonders betroffen waren die Wohn- und Geschäftshäuser im Steintorviertel. In der Artilleriestraße (heute Kurt-Schumacher-Straße) wurde unter anderem das beliebte Mellini-Theater zerstört, das ich als Vierzehnjährige einmal besucht hatte. Auch unser Splittergraben im Hinüberschen Park ist an diesem Wochenende im Bombenhagel vernichtet worden. Er wurde zum Grab für etwa 70 Schutzsuchende.

Meine Patentante Ida, die beste Freundin meiner Mutter, wurde nur verschont, da sie das Wochenende bei Freunden in Immensen verbrachte und ich am Wochenende zu Hause war, aber inzwischen schon bei der Fa. I.H. Benecke in Vinnhorst arbeitete. Ein paar Tage zuvor waren an einem Vormittag in unserer Wohngegend bereits einzelne Bomben gefallen, denen ein kleines Einfamilienhaus zum Opfer fiel. Das Eigentümerehepaar fand in den Trümmern den Tod. Als der einzige Sohn der Bewohner mittags aus der Schule kam, sah er erschüttert, was geschehen war. Beide Ereignisse, betrafen sie doch gleichsam mein direktes Lebensumfeld, hatten mich so mitgenommen, dass ich beim nächsten Fliegealarm weder in den Bunker, noch in den Luftschutzkeller gehen wollte. Warum das alles? Früher oder später werden wir doch alle getroffen! Meine Eltern waren ratlos und wussten nicht, wie sie mich umstimmen sollten. Ich saß im Haus Am Fuhrenkamp 38 auf der Treppe und weinte, bevor ich dann fast „automatisch" doch wieder mit in den Bunker ging.

Der Winter 1944/45 war sehr kalt. Die Hauptwasserleitung in der Straße Am Fuhrenkampe war zerstört. Wir mussten monatelang das frische Nass im Eimer aus der einzigen Pumpe holen, die trinkbares, klares Wasser förderte. Sie stand auf dem Privatgrundstück der Familie Schneidermeister Koch, Am Fuhrenkampe 39, und war bald von einem riesigen Eisklumpen umgeben. Zudem waren die Lebensmittelläden im Umkreis alle zerstört. Wir mussten weit laufen und Schlange stehen, um ein Brot zu erhalten. Im Januar, Februar und März 1945 wurde Hannover mehr und mehr zerstört. Der Himmel war vom Rauch dunkel und angebrannte Papierfetzen und sogar Postkarten flogen durch die Gegend.

An diese Phase erinnere ich mich besonders intensiv. Wir saßen fast nur noch im Bunker, spürten die Einschläge der Bomben und fühlten den Fußboden schwanken. In den kleinen Räumen und Gängen hockten die Menschen eng beieinander auf Bänken. Wenn das Licht erlosch und die Notbeleuchtung anging, mussten wir mit dem Schlimmsten rechnen. Der Bunkerwart, ein Herr Garbe, bekam dann als erster Kenntnis von der Zerstörung in unmittelbarer Nähe. Er ging durch die langen Gänge im Bunker und rief laut die Straßen und Hausnummern der zerstörten Gebäude auf. Die Betroffenen sollten sich bei ihm melden, um die Soforthilfe zu organisieren. Leider gab es immer wieder Menschen, die auf fremden Schutthaufen nach Gegenständen suchten. Wurde ein solcher Plünderer festgenommen, hatte er eine empfindliche Strafe zu erwarten.
Im Berggarten in Herrenhausen gab es mit 31 Metern eines der höchsten Palmenhäuser Europas mit einer kostbaren Palmensammlung. Mitte des 19. Jahrhunderts zählte

man schon in Herrenhausen mehr als 200 verschiedene Palmenarten.

Abbildung 19: Das Palmenhaus im Berggarten von Herrenhausen wurde 1879/80 von Auhagen gebaut

Eine Luftmine zerstörte kurz vor Beendigung des 2. Weltkrieges die Glasflächen des Gebäudes und wenig später ein Frosteinbruch die empfindlichen Pflanzen.
Wir Kinder waren sehr viel mit unseren Eltern unterwegs. So auch oft im Berggarten und im Großen Garten. Im Sommer konnten wir oben in unserem Haus vom Fenster aus die große Fontäne springen sehen. Bei Dunkelheit sorgten Scheinwerfer für die Beleuchtung.

Anfang Februar 1945 kam Frau Rokahr mit ihren Kindern aus Thüringen zurück und wollte wieder in ihre Wohnung. Wir bekamen eine Unterkunft „Auf der Ledeburg" zugewiesen. Diese bestand aus einer alten Waschküche im Keller, einem kleinen Raum im Erdgeschoss und einem Plumpsklo im Garten. Die Toilette in der Wohnung war den beiden Eigentümerinnen vorbehalten. In dieser Phase haben wir uns sehr einseitig ernährt. Ich musste oft meinen Hunger unterdrücken.

Am 25. März 1945 letzter Tagesangriff auf unsere schon weitgehend zerstörte Stadt. So saßen wir am 9. April 1945 schon ab Mittag wieder im Bunker. Auf dem Weg dorthin konnten wir dumpfes Schießen hören. Die Geräusche klangen anders, als wir sie von den Bombardierungen her kannten. Wir mussten die ganze Nacht im Bunker bleiben. Morgens bekamen wir die Nachricht, dass sich feindliche Truppen in unserer unmittelbaren Nähe befinden, sich zurzeit bereits im Birkenwäldchen am Sportplatz Mecklenheide an der Spörkenstraße aufhalten. Weiter wurde berichtet, dass die deutschen Soldaten sich zurückgezogen haben und auf beiden Seiten nicht mehr gekämpft werden soll. Am späten Vormittag schließlich durften wir den Bunker verlassen und sollten auf dem direkten Weg nach Hause gehen.

Am 10. April 1945, fast einen Monat vor der bedingungslosen Kapitulation Deutschlands, ist der Krieg für die Hannoveraner zu Ende. Hannover wurde von der US-Armee besetzt. Auf dicken Gummisohlen marschierten die US-

Soldaten durch die Straßen. Nach fast vier Jahren Bombenkrieg hatte ich, wie viele andere, nicht das Gefühl, Befreiern gegenüber zu stehen. Man war froh über das Ende des Bunkerlebens, aber zugleich sehr verunsichert, zumal als erste Maßnahme für uns Deutsche Sperrzeiten von abends 21.00 Uhr bis morgens 06.00 Uhr festgesetzt wurden. Während dieser Stunden durften wir uns nicht draußen aufhalten.

Am 10. April 1945 Kriegsende für die Hannoveraner – Nun begann das Plündern

Scharenweise zogen die Menschen zu den Provianthäusern am Mittellandkanal in Stöcken. Meine Mutter und ich schwammen mit dem Strom. Auch wir deckten uns mit Vorräten ein, die wir dann in unserem Schuppen auf dem ausgebombten Grundstück verwahrten. Nach der Öffnung des Kühlhauses in der Mecklenheidestraße waren viele Menschen auch dorthin unterwegs, wo aus den oberen Etagen geworfene gefrorene Schweinehälften sogar Todesopfer forderten. Wir fuhren mit unserem Handwagen ein Stück in den Kiefernwald bis zur Einzäunung des Kühlhausgeländes. Meine Mutter blieb mit dem Handwagen draußen und wartete. Ich kletterte über den Zaun und holte ein paar Kisten mit Butter und Schmalz. Als wir abfahren wollten, kam ein Ausländer auf uns zu und verlangte, dass wir „seine" Butterkisten mitnehmen. Wir zogen den Handwagen, er lief neben uns her und diktierte den Weg. So erreichten wir mit einem mulmigen Gefühl das Ausländerlager hinter dem Reichsbahnausbesserungswerk in Leinhausen am Entenfang. Auf einem breiten Weg, rechts und links lagen die Baracken, mussten wir anhalten. Der Fremde nahm seine Kisten herunter und wir konnten erleichtert das Lager mit unserer „Beute" verlassen.

Ende April ernteten wir die ersten kleinen Rhabarberstangen im Garten unseres zerstörten Grundstücks. Meine

Mutter hatte einen alten, bodenlosen Wassereimer als „Gewächshaus" über die Pflanzen gestülpt. Nach Monaten gab es erstmals frisches Kompott, eine Delikatesse!

Aufräumarbeiten

Ab Mai 1945 haben wir den uns verbliebenen Schutthaufen auf unserem Grundstück aufgeräumt. Während mein Vater das Holz stapelte und zerschnitt, haben meine Mutter und ich mit der Spitzhacke die Mauersteine aus dem Schutt gesammelt, abgeklopft und aufgestapelt. Es war sehr mühsam. Diese Arbeit nahm uns wochenlang in Anspruch. Den Restmüll kippten wir in den Bombentrichter im Vorgarten. Mein Vater hatte inzwischen auch unsere Fahrräder, so gut es ging, repariert. Ich war froh. Allein die Sorge um Friedel beunruhigte uns. Da es über Wochen keine Post gab, erfuhren wir nichts über sein Schicksal.

60 km Fußmarsch

Meine Eltern hatten in Harderode bei Heinrich Hölscher etwas Wäsche und Kleidung ausgelagert. Meine Mutter war beunruhigt, da in den letzten Kriegstagen in und um Hameln noch Kämpfe stattgefunden hatten. So entschieden wir uns, zu Fuß nach Harderode zu marschieren, während mein Vater zu Hause blieb. Mein Fahrrad diente nur als Transportmittel für unser knapp bemessenes Reisegepäck. Am 20. Mai um sechs Uhr starteten wir und waren beide guter Dinge, obwohl man sehr wachsam sein musste. Es wurde noch viel geplündert. Am sichersten kam man auf großen Straßen voran, wo viele Menschen zu Fuß unterwegs waren. Auf der Reichsstraße, heute Bundesstraße 3, gelangten wir nach Pattensen und waren über Hüpede, Eldagsen, Coppenbrügge, Behrensen, Bisperode bis nach Harderode rund 60 Kilometer unterwegs. Wir kamen nachmittags an. Tante Lina Kohlenberg sah uns als erste und war rührend überrascht und glücklich. Die Nachbarn strömten herbei und fragten uns über die Lage in Hannover aus. Am Abend gab es Kartoffelsalat und Rührei. Das hatte ich mir so gewünscht. Trotz Muskelkater fühlte ich mich, wie in meiner Kindheit, bei allen Verwandten sofort wieder wie zu Hause.
Am 23. Mai machten meine Mutter, Tante Linas Tochter Marianne Kohlenberg und ich einen Ausflug über den Ith nach Salzhemmendorf. Wir besuchten hier zwei Brüder meiner Mutter. Die duftenden Ithwiesen und das frische

Grün der Buchen im Wald, auch die blühenden Maiglöckchen habe ich noch heute in guter Erinnerung. An diesem Tag spürte ich ganz besonders, dass eine schreckliche Zeit zu Ende gegangen war und wir eine unbekannte Zukunft vor uns hatten. Am Tag darauf haben wir dann unseren Rückmarsch über den Ith nach Lauenstein und weiter über Hemmendorf, Benstorf, Mehle, Elze, Wülfingen, Pattensen, Arnum und Hemmingen nach Hannover angetreten. Es war ein sehr warmer Tag und auf der heutigen Bundesstraße 3 zwischen Elze und Hannover herrschte inzwischen die „reinste Völkerwanderung" in beide Richtungen. Um etwas schneller voranzukommen, setzte sich meine Mutter auf abschüssigen Straßen auf den Gepäckträger und ich radelte. Bis Arnum klappte das gut. Plötzlich blockierte mein Hinterrad und ich hatte eine Acht in der Felge. Nun konnte ich mein Rad nicht einmal mehr schieben. Ich legte es auf den Boden und trat solange auf die verbogene Felge, bis sie wieder einigermaßen gerade war. Den Rest der Strecke legten wir beide dann nur noch zu Fuß zurück. Ich glaube, nicht nur wir, sondern auch mein Vater war froh, dass wir gesund zu Hause ankamen. Aber uns hat die kleine Reise gut getan.

Großeinkauf bei Firma Ofen-Behre

Am nächsten Tag erfuhren wir, dass die Firma Ofen-Behre in ihrem großen Lager in der Nähe des Herrenhäuser Bahnhofs Haushaltsgeräte verkauft. Ich schwang mich auf mein Rad. An der Straße vor dem Lager war eine Verladerampe. Eine große Menschenmenge hatte sich eingefunden. Sich anzustellen, dauerte mir zu lange. Doch vor der Lagerhalle befand sich noch ein Bürogebäude und, nach den Fenstern mit Gardinen zu urteilen, auch eine Wohnung. Im angrenzenden Garten arbeitete eine Frau. Im Gespräch über den Zaun erfuhr ich, dass ihr Mann der Lagerverwalter sei. Ich fragte nach einem Einsatz für einen gemauerten Waschkessel und bot ihr von unseren „erstandenen" Lebensmitteln als „Kompensation" an. Sie war sehr interessiert, ich solle doch am Nachmittag noch mal wieder kommen, wenn alle Anderen gegangen seien. So kehrte ich einige Stunden später mit meiner Mutter zurück. Ein kleiner magerer Mann öffnete uns die Wohnungstür und führte uns in die Lagerhalle. Wir waren überwältigt über das, was hier noch in großen Holzregalen lagerte, und fanden einen passenden emaillierten Einsatz für den gemauerten Waschkessel, einen rot-braunen Wohnzimmerofen, Kochtöpfe, Pfannen, Wasserkessel und diverse kleinere Küchengegenstände. Meine Mutter bezahlte und bekam eine Quittung. Nach Hause zurückgekehrt, holten wir den Handwagen und nahmen 20 Pfund Butter mit. Der Lagerverwalter half uns dann beim Bela-

den des Handwagens mit dem erstandenen Waschkessel-
einsatz und den Küchenutensilien. Später holte mein Vater mit Herrn Schaper noch den Ofen ab. Alles wurde
wieder im Schuppen zwischengelagert.

Beginn des Wiederaufbaus

Im Bekanntenkreis meiner Eltern befand sich ein pensionierter Maurerpolier, Herr Haubenreiß. Meine Eltern wollten den nicht völlig zerstörten Anbau unbedingt wieder herrichten. Herr Haubenreiß hat sie nicht nur gut beraten, sondern auch die Maurerarbeiten übernommen. Karbidschlamm als Kalkersatz holten wir aus der Abfallgrube eines Industriebetriebes in der Mecklenheidestraße, Sand aus Bombentrichtern im Kiefernwäldchen „Fuhren". Diese Arbeiten besorgten meine Mutter und ich mit dem Handwagen, wenn nötig auch sonntags. Dann fuhr ich mit dem Fahrrad nach Höver zur Zementfabrik und kam mit dem dortigen Meister ins Geschäft: Zement gegen Wurstdosen. Den Zement mussten wir selbst in Säcke füllen und nach Herrenhausen transportieren. Mit dem Handwagen war hier nichts auszurichten. Also fuhr ich zu den Sinti und Roma, die mit ihren Wohnwagen in Stöcken lebten, und die Pferd und Panjewagen besaßen. Mit einem freundlichen Herrn, der mit zahlreichen Kindern in seinem Wohnwagen saß, wurde ich handelseinig. Er war bereit, gegen Geld und Esswaren unseren Zement zu kutschieren. Am verabredeten Tag fuhren mein Vater und Herr Schaper mit dem Fahrrad nach Höver. Ich nahm auf dem Pferdewagen Platz und zeigte den Weg quer durch Hannover. Der Zement wurde in alte Zuckersäcke geschaufelt. Auf dem Rückweg fuhr mein Vater auf dem Fuhrwerk mit, während ich sein Fahrrad benutzte.

Nun konnte Herr Haubenreiß mit seinem Kollegen die Maurerarbeiten ausführen. Sechs neue Fenster haben wir zudem in der Holzhandlung Köster gekauft, die dann gleich mit eingebaut wurden. Auch handwerkliche Hilfe aus der Nachbarschaft hat uns sehr geholfen. Die ganze warme Jahreszeit über waren wir von morgens bis abends mit der Fertigstellung des Seitengebäudes beschäftigt. Zum Glück erlebten wir 1945 einen beständig schönen Sommer. Im Garten hatten wir eine Laube mit türkischen Bohnen bepflanzt. Drinnen gab es eine offene Feuerstelle, errichtet aus Backsteinen und einem Rost des alten Waschkessels. Dort wurde in der Bauphase, so gut es ging, gekocht. Wenn wir abends in unser Quartier „Auf der Ledeburg" zurückkehrten, war aus der Gaststätte am Verdener Platz laute Tanzmusik zu hören. Die bei uns stationierten Besatzungssoldaten feierten nächtelang hier mit deutschen Mädchen. Ich konnte dies, so wenige Wochen nach Kriegsende, damals nicht verstehen.

Im Juli 1945 kam ein Freund meines Bruders, Rudi Fehse, der auch bei der Marine war zu uns und überbrachte die freudige Nachricht, dass er Friedel in Rotterdam getroffen hatte, wo er mit seinem Schiff deutsche Soldaten nach Bremerhaven transportieren musste. Er pendelte also zwischen den beiden Häfen.

Ende September 1945 war mein Bruder dann auch endlich nach Hause entlassen.

Kurze Zeit waren wir vier dann noch zusammen in unserem Quartier „Auf der Ledeburg".

Rudi Fehse war Elektrotechniker und verlegte in unserem Anbau die Stromleitungen.

In Sehlde nahe Elze wohnte eine Halbschwester meiner Mutter, Tante Helene Wilke. Ihr Mann, Onkel Fritz, war selbständiger Tischlermeister und baute uns eine solide Haustür, alle Zimmertüren und eine Treppe für unser Seitengebäude, die in die obere Etage führte.Nun kamen noch die Putzarbeiten der Maurer.

Einzug in das Seitengebäude

Im Oktober 1945 konnten wir in unser behelfsmäßig wieder hergerichtetes Seitengebäude einziehen und das Quartier „Auf der Ledeburg" verlassen. Wir alle waren trotz des dann kommenden kalten und belastenden Winters froh und dankbar.

Später fertigte Onkel Fritz sogar Schlafzimmermöbel mit vier Betten und einen Küchenschrank an. So hatten wir endlich richtige Ruhelager, nur leider keine Matratzen, die vor der Währungsreform nicht zu kaufen waren. Daher mussten wir unsere blauweißkarierten Leinenbettbezüge mit Roggenstroh füllen und als Matratzenersatz einsetzen. Die Füllung wurde bis 1948/49 regelmäßig bei Bauer Engelke in Stöcken nachgekauft und per Fahrrad nach Hause gebracht.

Tanzkurs bei Fräulein Henning

Die Tanzlehrerin Fräulein Henning gab in einer Villa an der Herrenhäuser Kirche in ihrem sehr großen Wohnzimmer Unterricht. Hier meldeten mein Bruder und ich – nach der Rückkehr von Friedel fiel es uns leichter, auch einmal unbeschwert zu sein – uns Ende 1945 auch an. Der Kurs begann. Fräulein Hennings Schlafliege war zugedeckt, um als Ablage für unsere Mäntel zu dienen. Der Teppich wurde aufgerollt, ein schöner Parkettfußboden kam zum Vorschein, die Musik ertönte aus einem Grammophon. Wir mussten alle in dieselbe Richtung im Kreis tanzen. Für circa fünf bis sechs Paare reichte der Platz. Ich glaube, viele alte Herrenhäuser erinnern sich noch an die ersten Tanzschritte bei Fräulein Henning.

Abbildung 20: Das Konzert- und Tanzlokal „Parkhaus", Nienburger Straße in Herrenhausen

Ein weiteres von Jung und Alt gern besuchtes Konzert- und Tanzlokal war das Parkhaus in der Nienburger Straße in Herrenhausen, das bis in die 50er Jahre genutzt wurde. Hier haben die Herrenhäuser auch unter den Bäumen gern im Garten getanzt.

Abbildung 21: Tanz im Freien

In den Nachkriegsjahren wurde von jedem, der nur halbwegs gut zu Fuß war, voller Begeisterung das Tanzbein geschwungen. Offenbar bestand großer Nachholbedarf.

Hamsterfahrten

Unsere Lebensmittelvorräte waren im Herbst 1945 aufgebraucht, zumal sie als Lohn für die Bauarbeiter gedient hatten. Frei zu kaufen gab es noch wenig, die Grundnahrungsmittel wurden nur gegen Vorlage von Lebensmittelmarken verkauft. Ein, zwei Bäckerläden öffneten im Quartier. Fleisch gab es in der Markthalle in der Innenstadt, die meine Mutter mit einer Nachbarin oft Freitag morgens aufsuchte. Hier mussten die beiden lange Schlange stehen, bevor geöffnet wurde. Dann gab es aber Schlachter, die gegen Aufpreis Fleisch und Wurst über die Ration hinaus verkauften, wenn man bei ihnen auch die zugeteilte Fleischration gemäß Lebensmittelmarke bezog.

Wer seinen Speiseplan ergänzen wollte, der musste auf dem platten Land „hamstern". Auch wir fuhren hinaus, um auf den abgeernteten Feldern „nachzulesen". Mit meinem Vater radelte ich nach Negenborn, um Kartoffeln zu klauben. Hier in der Nähe Hannovers war auf den Stoppelfeldern aber nur wenig zu finden. Daher fuhr ich mit meiner Mutter mit dem Zug nach Schwarmstedt, um in der dortigen Umgebung zu suchen. Wir hatten größeren Erfolg. Zudem erinnere ich mich, dass ich eines frühen morgens, es war noch dunkel, mit meiner Mutter und einem Fahrradanhänger zu Fuß nach Seelze loszog. Unser Weg führte dann weiter über die Eisenbahnüberführung, durch den Almhorster Wald und in Richtung Dedensen. Neben der Straße gab es große Rübenfelder. Hier trafen wir Leute, die mit einer Harke auf den abgeernteten Feldern nach Zuckerrüben suchten, und taten es ihnen gleich. Gegen Mittag hatten wir dann auch unseren Fahrradanhänger voll geladen und erreichten eineinhalb Stunden später den Fuhrenkamp.

Da man eine größere Menge Zuckerrüben benötigte, unsere vorhandene Portion noch nicht ausreichend war, um im Kessel Saft zu kochen, fuhren mein Bruder, seine damalige Freundin Lieselotte und ich am Sonntagmorgen noch einmal dorthin.

Es war Friedels erste Tour nach Rückkehr aus dem Krieg.

Es hatte sich wohl inzwischen herumgesprochen, so suchten an diesem Morgen viele Leute auf den abgeernteten Feldern nach Rüben. Auch wir reihten uns hier ein. Weiter hinten bedienten sich auch Leute an den noch gar nicht gerodeten Zuckerrübenfeldern. Der Bauer war ärgerlich darüber; mit Recht.

Wir fuhren mit unseren Fahrrädern, jeder hatte einen Sack mit Rüben auf dem Gepäckträger, schon wieder nach stundenlangen mühevollen Suchens, auf dem Waldweg nach Hause. Der Bauer kam laut schimpfend auf seinem Fahrrad hinter uns her.

Mein Bruder war so erschrocken und ließ seinen Rübensack in den Graben fallen, trat in die Pedale und weg war er, während Lieselotte und ich weiterfuhren. Nun ließ der Bauer von uns ab.

Leider hatten wir einen Jutesack verloren, was noch schmerzlicher war als der sich darin befindliche Inhalt.

Die Zuckerrüben wurden nun gereinigt und im jüngst erworbenen emaillierten Kessel gar gekocht. In der Nachbarschaft gab es eine Rübenpresse, die reihum ausgeliehen wurde. Mit ihr gewannen wir Saft, der anschließend unter ständigem Rühren stundenlang gekocht wurde, bis er dickflüssig war und insbesondere als Brotaufstrich verzehrt oder als Süßstoff genutzt werden konnte. Von den Rübenabfällen haben meine Mutter und mein Bruder nachts Schnaps gebrannt, nicht der einzige hausgemachte Alkohol, denn aus unseren Sauerkirschen wurde Likör hergestellt.

Im Wald sammelte ich mit einer meiner Freundinnen Bucheckern, mit denen wir in Linden einen Herrn aufsuchten, der eine kleine Ölpresse besaß. Am Küchentisch konnten wir den Hergang Ölgewinnung verfolgen. Für die Benutzung der Presse mussten wir die Hälfte des gewonnenen Öls abgeben. Trotzdem brachte ich eine volle Flasche mit nach Hause. Mit dem Öl und Kartoffeln aus eigener Gartenernte konnte meine Mutter erstmals wieder Kartoffelpuffer backen.

So ein gutes Essen wärmte von innen. Dies war bitter notwendig, denn der Winter 1945/46 war sehr kalt und unsere Fensterscheiben bestanden aus einzelnen Glasstreifen und so „kam viel Kälte durch". Geheizt wurde mit dem zersägten Holz des zerstörten Hauses oder mit Kohlen, die meine Mutter beschaffte. Sie ging mit anderen Frauen zum Bahndamm. Hier warteten sie auf einen der Güterzüge, der zum Nordhafen fuhr. Der Heizer warf dann immer ein paar Schaufeln Kohlen von der Lokomotive herunter.

Nach der bedingungslosen Kapitulation vom 8.Mai 1945 hatten wir weder eine staatliche noch gesellschaftliche Ordnung in unserem Land. Deutschland war am Ende und musste abwarten, was die Sieger über die Deutschen beschließen würden.

Durch die ständigen schweren Fliegerangriffe der Amerikaner und Engländer haben viele Menschen ihr Hab und Gut verloren. Die Städte waren überwiegend zerstört. Viele Menschenleben waren zu beklagen.

Durch die Teilung unseres eigenen Landes und durch den Verlust großer Teile des deutschen Staatsgebietes sind fast 12 Millionen Menschen aus ihrer Heimat vertrieben worden. Eine vielhundertjährige Geschichte und Tradition wurde ausgelöscht.

Das Schwerste wurde den Heimatvertriebenen abverlangt. Ihnen ist bitteres Leid und schweres Unrecht widerfahren.

Der 8. Mai 1945 wird in uns Deutschen immer widersprüchliche Empfindungen wecken. Keiner hat diese besser zum Ausdruck gebracht als Theodor Heuss, als er davon sprach, dass wir „erlöst und vernichtet in einem gewesen sind." (Deutscher Bundestag und Bundesrat, Hrsg. 1985).

Arbeit bei der Hannoverschen Presse

Der wirtschaftlichen Lage zum Trotz wurde mein Bruder im August 1946 als Schriftsetzer bei der „Hannoverschen Presse" eingestellt. 1949 wechselte er zur „Hannoverschen Allgemeinen Zeitung". Hier war üblich, dass die Mitarbeiter für die Sonn- und Feiertagsarbeit als Zuschlag, ein so genanntes Antrittsgeld erhielten, was diese Schichten sehr beliebt machte. Die Anstellung verhalf uns zu einem kostenlosen Abonnement der „Hannoverschen Allgemeinen Zeitung" und, darüber hinaus, der Zeitschrift „Land und Garten", die unsere Eltern mit Begeisterung lasen.

Kaufmännische Lehre

Auch ich hatte Glück. Einer Nachbarin war ein Schild „kaufmännischer Lehrling gesucht" auf einem Schutthaufen vor der Firma Holzbearbeitungsmaschinen Wilhelm Pieper GmbH in der Blumenauer Straße 12 in Hannover-Linden aufgefallen. Ich stellte mich vor und bekam ab 15. Januar 1946 eine Lehrstelle als Bürogehilfin. Eine meiner Hauptaufgaben war es, gemeinsam mit der Kollegin Mia Witthuhn Absagen zu schreiben. Es gab nämlich nichts zu verkaufen. Die Firma Pieper hielt sich mit Schleifen von Werkzeugen, sowie Reparaturen an älteren Maschinen über Wasser. In der Werkstatt waren auch nur ein Meister und fünf Mitarbeiter beschäftigt. Als Lehrling musste ich auch täglich Botengänge machen. Einmal sollte ich ein Holzmodell aus einer Tischlerei in der Vahrenwalder Straße abholen und nach Misburg zur Eisengießerei Heag bringen. Nach mehrmaligem Umsteigen erreichte ich die Haltestelle „Noltemeyer". Von dort fuhr die Straßenbahnlinie 13 weiter über Misburg bis zur Endstation an der Hindenburgschleuse in Anderten. Dann ging es zu Fuß weiter am Kanal entlang bis zur Eisengießerei. Hin und zurück war ich von morgens früh bis zum Nachmittag unterwegs. Als ich auf der Rückfahrt in der Bahnhofstraße ein letztes Mal umsteigen musste, war mir ganz schlecht vor Hunger. So setzte ich mich etwas abseits von der Straße hinter einen der Eisenträger, die aus den Schutthaufen der weitgehend zerstörten Geschäftshäuser hervorragten. Nach einer Pause konnte ich die Fahrt dann ins Büro fortsetzen.

Abbildung 22: Hinter der haltenden Straßenbahn fand ich im Schutt hinter einer Säule mein Ruheplätzchen

Zur Ausbildung zählte selbstverständlich auch der Besuch der städtischen Handelsschule. Dort konnten wir an der Schulspeisung teilnehmen und man war froh, überhaupt etwas zu essen zu bekommen. Gerade in der Vorweihnachtszeit 1946 erhielten wir auch Schokolade. Ich sparte meine Rationen und verkaufte die Tafeln zum Schwarzmarktpreis von 30 Reichsmark an einen Kollegen in der Firma. Herr Moritz war Ingenieur bei der Wilhelm Pieper GmbH und als frisch getrauter Ehemann stets froh, seiner jungen Frau etwas Schokolade mitbringen zu können. Ich sparte mein Geld für einen ersten Urlaub. An die Nordsee und nach Norderney sollte es gehen. Davon hatte mir meine Kollegin vorgeschwärmt, die im Sommer 1946 dort gewesen war.

Abbildung 23: Jahrhunderthochwasser im Februar 1946

Zu allem Überfluss – im Wortsinne – traten im Februar 1946 Leine und Ihme über die Ufer. Hannover erlebte ein Jahrhunderthochwasser. Besonders betroffen waren Linden und die Calenberger Neustadt. Von unserer Bürobaracke in der Blumenauer Straße ragte nur noch eine Teil des Dachs aus den Fluten. Viele Straßen standen meterhoch unter Wasser. Im Friederikenstift lief nicht nur der Keller, sondern auch das Erdgeschoss voll.
Im Sommer 1946, die Versorgungslage war noch immer schlecht, fuhren wir nach Stöcken, um auf den Feldern Getreide zu stoppeln, das heisst: nach der Ernte die Weizenähren auflesen, die zwischen Stoppeln und in Ackerfurchen liegen geblieben waren. Zuhause wurden die Kör-

ner in der eigenen Schrotmühle von Hand gemahlen, dann gesiebt und so einerseits Mehl, andererseits als Rückstand im Sieb Schrot gewonnen. Vom Schrot gab es morgens für alle eine Wassersuppe, manchmal mit etwas Milch. Gesüßt wurde sie mit Rübensaft. Ab Frühjahr 1946 hielten wir auch Hühner und Kaninchen. Zur Arbeit nahmen mein Vater, mein Bruder und ich oft selbst hergestellten Brotaufstrich mit. Er bestand aus Margarine, Zwiebeln, Mehl, Eiern, Wasser und Gewürzen. Manchmal bekam man nur das gelbe Maisbrot zu kaufen. Am frühen Abend, wenn wir alle wieder zu Hause waren, gab es dann ein warmes Mittagessen. Meine Mutter kochte so oft Gemüseeintöpfe, dass ich froh war, wenn neben dem Teller mal kein Löffel, sondern Messer und Gabel lagen! Anfang 1947 erfuhr ich von einer englischen Familie, die in Isernhagen schwarzen Tee verkaufte. Dafür fuhr man damals mit der Straßenbahn bis zum Fasanenkrug. Im selben Jahr wollte ich meiner Mutter zu Weihnachten einen Nähkasten schenken. Meine Kollegin riet mir, diesen gleich bei drei Tischlermeistern zu bestellen. Einer von ihnen würde dann sicher Wort halten. Im Dezember bekam ich dann plötzlich drei Nähkästen. Den schönsten behielt ich für meine Mutter, die anderen zwei habe ich gegen Lebensmittel eingetauscht.

Ende der Lehrzeit

Meine Lehrzeit endete bereits im Dezember 1947 statt Ostern 1948. Aufgrund guter Leistungen und meiner vorherigen Ausbildung in der Handelsschule Buhmann in den Kriegsjahren wurde ich vorzeitig von der Industrie- und Handelskammer Hannover zur Prüfung zugelassen – und bestand. Die praktische Prüfung in den Fächern Stenographie und Maschinenschreiben fand übrigens in einem ungeheizten Raum statt. Meine Leidensgenossinnen und ich saßen im Mantel im Schulzimmer und hatten kalte, klamme Finger, wenigstens so lange, bis man sich an der Schreibmaschine warm geschrieben hatte.

Ab 1. Januar 1948 als Zweitsekretärin tätig

Von meiner Mitschülerin Edith Killmann aus der Berufs-
schule erfuhr ich, dass der Niedersächsische Landkreistag, ein 1946 gegründeter kommunaler Spitzenverband
und Interessenvertreter der 60 Landkreise, eine Sekretärin
sucht. Ihr Vater war Gemeindedirektor in Anderten und
hatte durch seine Kontakte zur Kreisverwaltung Hannover
von der Ausschreibung erfahren. Ich war sehr interessiert.
Da Edith nicht vorzeitig geprüft worden war, ermöglichte
ihr Vater mir das Vorstellungsgespräch. Zunächst hatte
ich einen Termin beim Landrat Schünemann, anschließend
beim Geschäftsführer des Niedersächsischen Landkreis-
tags, Ministerialdirektor z.Wv. Dr. jur. Friedrich Gramsch.
Er prüfte mich in Steno und Maschinenschreiben. Ab 1.
Januar 1948 wurde ich als Zweitsekretärin eingestellt.
Das Büro befand sich im Haus der Kreissparkasse Hannover in der Höltystraße Ecke Wilhelmstraße.
Dr. Gramsch war Landrat im Landkreis Heiligenbeil (Ost-
preußen) gewesen. Er wurde 1937 – obwohl kein Partei-
genosse – nach Berlin ins Wirtschaftsministerium in die
Wilhelmstraße berufen und ist hier als Ministerialdirektor
unter anderem mit Fragen des Vierjahresplans befasst
gewesen. Eine Folge dieser Tätigkeit war, dass er nach
dem Krieg vorübergehend inhaftiert war und über längere
Zeit als Zeuge im Wilhelmstraßen-Prozess in Nürnberg
aussagen musste. In seiner Berliner Zeit hatte er sein Büro
übrigens mit eigenen Möbeln ausgestattet: einem Schreib-

tisch, einer grünen Sitzgruppe, einem schweren, achteckigen Eichentisch, sowie einem kleinen, echten Perserteppich. Über dem Zweiersofa hing das große Ölgemälde „Die Kurische Nehrung", vor dem ich später oft begeistert stand. Es gelang ihm, diese Möbel mit nach Hannover zu bringen. Bis auf den massiven Tisch kamen alle Gegenstände wohlbehalten an. Nur dieses Möbel musste repariert werde, da es sowjetische Soldaten im Berliner Ministerium kurzerhand eine Marmortreppe hinabgestürzt hatten.

Die Anstellung war für mich ein kompletter Neuanfang. Ich hatte von kommunaler Selbstverwaltung keine Ahnung, aber meine neue Kollegin, Lisa Beyersdorf, half mir sehr. Mit den anderen Niedersächsischen kommunalen Spitzenverbänden, Städtetag, Städtebund und Landgemeindetag wurde eng zusammen gearbeitet. So auch mit den Niedersächsischen Ministerien, wo ich oft mit dem Fahrrad dorthin unterwegs war und Schriftsätze abgab. Die Staatskanzlei, das Wirtschafts- und Verkehrsministerium sowie das Innen- und Kultusministerium hatte man in der Hohenzollernstraße in weniger beschädigten Privathäusern untergebracht. Die Treppenhäuser waren durch Brandbomben ramponiert, das Holz verbrannt, so dass die Treppen teilweise nur noch aus Blechstufen bestanden. Das Finanzministerium befand sich – wie auch heute noch – am Schiffgraben. Auf der Hofseite war in einer Holzbaracke das Statistische Amt untergebracht.

Im Sommer des Jahres 1948 entwickelte die hannoversche Firma Kleinschmidt Büroorganisation, auftragsgemäß

einen neuen Aktenplan für den Niedersächsischen Landkreistag und liefert zugleich die notwendigen Büroschrän-
ke und Aktenordner. Alle bisherigen Unterlagen mussten
nun „planmäßig" neu eingeordnet werden; eine Arbeit, die
ich nach der normalen Bürozeit erledigte.

Mein Chef war oft dienstlich unterwegs. So musste am
Wochenende viel vorgeholt oder nachgearbeitet werden,
und es kam vor, dass ich am Sonntagvormittag mit dem
Fahrrad und Taschen voller Posteingänge und eigenen
Schriftstücken von Herrenhausen zu ihm in die Privat-
wohnung nach Döhren fuhr. Dann konnte er wichtige Sa-
chen „wegdiktieren" und das von mir Mitgebrachte erledi-
gen. Mittags holte ich oft warmes Essen für Dr. Gramsch
aus der Kantine der Verwaltung des Landkreises Hannover. Zum Essen benutzte er übrigens das praktische Ess-
geschirr aus der Zeit seiner sowjetischer Gefangenschaft,
ein erstaunlicher Mensch. Auch am Nachmittag war es
üblich, anzuklopfen und zu fragen, ob er noch etwas für
uns zu tun habe. Erst wenn alles erledigt war, machten
wir Feierabend. Doch die Mehrarbeit wurde stets durch
Freizeit ausgeglichen. War Dr. Gramsch zum Beispiel mehrere Tage verreist, brauchte das Büro nur mit einer Sekretärin besetzt zu sein. Meine Kollegin und ich wechselten
uns dann ab. Die gleiche Regelung galt in Urlaubszeiten;
wir bekamen, wie er auch, vier Wochen Jahresurlaub. Üblich waren damals nur zwei.

Zu den Aufgaben der Sekretärinnen zählte auch die Teilnahme an den jährlichen Hauptversammlungen, die immer

in der zweiten Junihälfte zur Sommersonnenwende, darauf legte Dr. Gramsch großen Wert, stattfanden. Wenn es erforderlich war, nahm er eine von uns auch zu Ausschusssitzungen als Protokollführerin mit oder wir begleiteten ihn zu Tagungen. Im Jahr 1948 fand die Hauptversammlung in Bad Rothenfelde statt. Gerade zu dieser Zeit hatten wir seit einigen Tagen die D-Mark als Zahlungsmittel. Die Schaufenster zeigten wieder Waren. Genau im richtigen Augenblick, denn meine Kollegin und ich bemühten uns stets, immer ein bisschen adrett und gut auszusehen. So kaufte ich mir von meinem ersten D-Mark-Gehalt ein paar braune Halbschuhe bei Schuh-Neumann in der Nordmannstraße. Sie passten gut zu einem hellblauen Wollkostüm, das meine Patentante Ida Hagemann mir für die Tagung in Bad Rothenfelde genäht hatte. Als ich anschließend mit dem Fahrrad auf der Straße zwischen Berggarten und den heutigen Gartenbauinstituten der Universität Hannover fuhr, hielt ich es nicht mehr länger aus. Ich stoppte, stellte mein Rad an einer Pappel ab, nahm die Aktentasche vom Gepäckträger, holte den Schuhkarton hervor und sah mir die Schuhe noch einmal an. Ich war überglücklich über den Kauf und konnte nun weiter fahren. Meine erste Teilnahme an einer der Ausschusssitzungen war dann im November 1948. Ich erinnere mich genau. Sie fand in Bad Pyrmont im Restaurant „Doktorstuben" statt. Hier schrieb ich zum ersten Mal das Sitzungsprotokoll.

Einen Monat später erhielten Frau von Wangenheim, die

Nachfolgerin Frau Beyersdorfs, und ich je einen 100-DM-Schein von Dr. Gramsch aus eigener Tasche als Weihnachtsgeschenk. Wir waren beide sehr gerührt. Nach Weihnachten fragte er mich, was ich mir gekauft habe. Es war ein Trenchcoat mit einem karierten Wollfutter, mein erster warmer Mantel. Nach dem Ausscheiden von Frau Beyersdorf habe ich die Kassenverwaltung und die Buchführung noch zusätzlich übernommen. Die jährliche Kassenprüfung fand durch das Rechnungsprüfungsamt des Landkreises Hannover statt.

Bis 1953 blieb Dr. Gramsch mein Chef. Er war klug, fleißig und sehr bescheiden, überaus beliebt und angesehen. Eine seiner Äußerungen vergesse ich nicht: „Jetzt kommen die vom Ministerium zu uns und holen sich Rat." Darauf war er stolz. Schon 1951, nachdem wir keine Militärregierung mehr hatten, sagte er einmal zu mir:

„Man kann nur hoffen, dass es gelingt,
die Verwaltungen nicht zu groß werden zu lassen.
Man kann sie nicht wieder verkleinern!"

Und ich habe mich immer gewundert, wie er es im Zimmer auf und abgehend schaffte, uns lange Texte zu diktieren, nur mit einem Stichwortzettel in der Hand, manchmal sogar ohne. Für mich war er ein Vorbild. Ich habe für mein späteres Leben viel von ihm gelernt. Dafür bin ich noch heute sehr dankbar. Frau Gramsch, eine geborene Freiin von Eckardstein, Reichenow, erzählte einmal von seinen Sekretärinnen in Heiligenbeil. Wenn er zum Diktat rief, wollte jede zuerst zu ihm. Die „Zurückgebliebene" war dann eifersüchtig. Ich glaube bei meiner Kollegin und mir war es wohl manchmal nicht anders.

Die gesamte Familie Gramsch war nach dem Krieg über Celle nach Hannover gekommen. Der Bruder meines Chefs, Dr. Otto Gramsch, hatte in Döhren, Im Bruche 3A, ein relativ großes Einfamilienhaus für seine Frau Rodica und sich errichtet. In die dortige Einliegerwohnung zog 1949 Dr. Gramsch mit seiner Frau Metta ein. Kurz darauf folgten die beiden Nichten und „Ziehtöchter" – wie Dr. Gramsch immer sagte – Hanna-Osterhold und Erika von Eckardstein. Beide besuchten in Hannover ein Gymnasium. In Döhren haben meine Kollegin und ich bisweilen einen „ganz anderen" Chef erlebt. Jeden Sommer wurden wir Sekretärinnen von Frau Gramsch zum Kaffee auf die Terrasse eingeladen. An einem dieser Tage war auch die kleine Tochter von Otto und Rodica Gramsch im Garten. Dort erlebten wir mit, wie Dr. Gramsch mit der kleinen Ileana, vielleicht vier oder fünf Jahre alt, fröhlich spielte, alle Formalitäten ablegte und die Kleine liebevoll „Maxe" nannte.

1953 hat Dr. Gramsch Hannover verlassen. Er wurde Hauptgeschäftsführer des Deutschen Landkreistages in Bonn, lebte selbst in St. Augustin und zog wie selbstverständlich das Fahrrad seinem neuen Dienstwagen vor.

Abbildung 24: Empfang in der Villa Hammerschmidt anlässlich des 70. Geburtstages von Bundespräsident Prof. Dr. Theodor Heuss (links) am 31. Januar 1954. Gratulanten (von links nach rechts): Landrat Josef Roesch, MdL, Bergisch Gladbach (Vizepräsident des Deutschen Landkreistages), Landrat Gustav Seebich, Göppingen (Präsident des Deutschen Landkreistages), Dr. Friedrich Gramsch, Bonn (Hauptgeschäftsführer des Deutschen Landkreistages,) ©Bundesbildstelle Berlin, Bild-Nr. 1310/3)

Er starb bereits 1955 im Alter von 59 Jahren nach einer Mandeloperation. Zu seiner Frau Metta habe ich bis zu ihrem Ableben im Oktober 1988 engen brieflichen und persönlichen Kontakt gehalten. Noch heute besteht eine Verbindung zu seiner Nichte Hanna-Osterhold von Natzmer, ebenfalls geborene Freiin von Eckardstein.

Die erste Bundesgartenschau

Vom 21. April bis 31. Oktober 1951 fand in Hannovers neu angelegten Stadthallengarten die erste Bundesgartenschau statt. Die Besucher erfreuten sich an der üppigen Blütenpracht, an nie zuvor gesehenen Züchtungen im Rosengarten, an spät blühenden Ziersträuchern oder entspannten bei einem Besuch im Rosen-Café. Und viele von ihnen konnten Anregungen für die Gestaltung ihrer eigenen Gärten mitnehmen.

Abbildung 25: Plakat zur ersten Bundesgartenschau 1951

Abbildung 26: Vorfrühling im neu angelegten Stadthallengarten

Abbildung 27: Rosengarten

Vom Stadthallengarten führte eine Fußgängerbrücke über die Clausewitzstraße auf ein Nachbargelände mit Musterhäusern. Die präsentierten Fertighäuser, wie auch das

Abbildung 28: Blühende Stauden und Fußgängerbrücke

Schwedenhaus mit seiner schönen Gartenanlage, wurden mit großem Interesse besichtigt.

Abbildung 29: Die Musterhäuser

Abbildung 30: Das Schwedenhaus

Erster Hannoverscher Blumenkorso am 6. August 1951

Der Höhepunkt dieses Sommers war für mich der seit langem geplante und anlässlich der Bundesgartenschau durchgeführte „Erste Hannoversche Blumenkorso", dem bis 1957 weitere folgten. Er fand an einem Sonntag statt. Für die Menschen sollte es ein Tag der Freude und Erholung sein. Nicht nur die Hannoveraner waren auf den Beinen, das ganze Bundesland Niedersachsen feierte mit. Der festliche Umzug der mit bunten Blumen üppig geschmückten gut 150 Wagen begann in der Herrenhäuser Allee und endete im Eilenriedestadion. Zwei Stunden lang zogen Gruppen fröhlicher Menschen durch die Straßen der Landeshauptstadt. Die von nah und fern anwesenden Zuschauer waren begeistert.

Abbildung 31: Festwagen Geige (Fotograf Wilhelm Hauschild)

Den *ersten* Preis unter den großen Blumenwagen gewann eine aus mehr als 60.000 weißen und roten Rosen hergestellte überdimensionale Geige. Die Firma Horstmann & Co aus Elmshorn in Schleswig-Holstein hatte sie als Gruß in die niedersächsische Landeshauptstadt entsandt. Weitere zehntausende Rosen ließ man entlang des Weges verteilen.

Abbildung 32: Festwagen Geige

Den *zweiten* Preis errang das Staatsbad Pyrmont mit seinem entzückenden Brunnentempel.

Abbildung 33: Brunnentempel

Der *dritte* Preis ging an die Stadt Braunschweig mit dem gewaltigen Burglöwen, einem der eindrucksvollsten Wagen, die je mit dem Korso durch die Straßen Hannovers zogen.

Abbildung 34: Braunschweiger Burglöwe

Urlaub in Norderney

Beruflich war mein Leben seit der Lehrzeit und der Anstellung beim Niedersächsischen Landkreistag in neue Bahnen gelenkt worden. Privat geschah dies auch; blenden wir zurück in das zweite Nachkriegsjahr. Im Sommer 1947 machte ich mit Lieselotte, der Freundin meines Bruders und seiner späteren Frau, Urlaub auf Norderney. Der Kontakt entstand, da meine Lehrfirma Pieper mit dem Tischlermeister Hinrich Jürgens einen Stammkunden auf der Insel besaß, der wiederum Urlaubsquartiere für Pieper-Mitarbeiter vermittelte. So landeten wir in der Kirchstraße bei Jürgens Schwägerin Christel, die als Kriegerwitwe mit drei kleinen Kindern ihr Schlafzimmer vermietete. Der Sommer 1947 war anhaltend schön, wir verlebten herrliche Tage. Am letzten Urlaubstag besuchten wir Herrn Jürgens in seinem Garten am „Argonnerwäldchen", um uns zu bedanken und zu verabschieden. Hier lernten wir seinen Sohn Eberhard kennen. Am selben Abend gingen wir drei zusammen aus.

Nach meiner Rückkehr schrieben wir uns dann ab und an Briefe. Eines abends stand Eberhard urplötzlich auf unserem Hof Am Fuhrenkampe. Er hatte einen Eimer Fische dabei, die er per Eisenbahn zu einem Geschäftspartner seines Vaters nach Bad Harzburg bringen sollte. In Hannover legte er einen Zwischenstopp ein. Meine Mutter versorgte ihn mit Muckefuck und Margarinebrot. Am nächsten Tag lieferte Eberhard die Fische in Bad Harzburg ab und kehrte zu uns für zwei weitere Übernachtungen zurück. Ich habe mir daraufhin einen Tag Urlaub genommen, so dass wir gemeinsam die erste Exportmesse in Laatzen besuchen konnten. Für die Eintrittskarte erhielt man auch das Recht, ohne Lebensmittelmarke ein Glas Wein und ein Fischbrötchen zu erwerben. Es schmeckte uns köstlich.

1949 zog Eberhard mit einem alten Fahrrad und Holzkoffer von Norderney nach Hannover, um – erfolgreich – abends die Meisterschule zu besuchen. Seinen Lebensunterhalt verdiente er durch die Anstellung in der Tischlerei Seebach in der Schaufelder Straße in der Nordstadt. Er wohnte zunächst im Stadtviertel Auf der Ledeburg. Wir sahen uns immer häufiger. 1951, inzwischen hatte Eberhard das nach dessen Heirat frei gewordene Zimmer Friedels bezogen, machte er mir einen Heiratsantrag. „Du sollst das nie bereuen, ich werde immer für dich da sein", waren seine Worte. Ich mochte ihn sehr und stimmte zu.

Doch schon kurz darauf überraschte er mich mit dem Plan, nach Australien auszuwandern. Er hatte bereits seine Anstellung bei der Firma Seebach gekündigt. Ich war völlig sprachlos, dann ebenso verzweifelt wie ratlos. Wie sollte ich mich gegenüber so viel Eigenmächtigkeit verhalten? Ich konnte mich niemandem anvertrauen. Meine Eltern wollte ich damit nicht belasten. Ich nahm mir einen Tag Urlaub, wir fuhren mit Eberhards kleinem Motorrad nach Hildesheim zur Kirschblüte – dies war ein guter Vorwand gegenüber meinen Eltern – und machten einen langen Spaziergang zwischen Wald und Obstbäumen. Dabei fasste ich den Entschluss, eine Auswanderung nach Australien abzulehnen. Ich war gewillt, die Verlobung zu lösen, bot aber an, die Angelegenheit noch einmal mit seiner Schwester und seinem Schwager in Hamburg-Poppenbüttel zu besprechen. Also fuhren wir mit dem Bus am darauf folgenden Wochenende in die Hansestadt. Auf dieser Reise zog ich mein neues Kostüm an, das eigentlich für die standesamtliche Trauung bestimmt war. Hildegard und Walter Wagenhuber äußerten sich sehr zurückhaltend, offerierten Eberhard aber eine Stelle in der Tischlerei ihres Betonwerks. Damit war die Auswanderung vom Tisch. Eberhard lebte die Woche über bei Wagenhubers. Er pendelte jedes Wochenende zwischen Hamburg und Hannover, bis er noch im Jahr 1951 eine Anstellung als Meister in einem Reparaturbetrieb in Hannover bekam. Am 5. Juli 1952 haben wir dann tatsächlich standesamtlich geheiratet. Polterabend und Hochzeitsfeier mit allen Verwandten fanden Am Fuhrenkampe statt, anschließend fuhren wir für vier Wochen auf Hochzeitsreise mit der Bundesbahn ins Oberallgäu.

Das Ziel eines jungen Mannes kann eigentlich nur die Selbstständigkeit sein. Da Eberhard und ich recht gut verdienten und wir zur Hochzeit um Geldgeschenke gebeten hatten, konnten auch wir eine selbständige Existenz planen. 1953 erwarben wir ein Betriebsgrundstück in Langenhagen Am Pferdemarkt. Und es gelang uns, in Havelse einem Fahrlehrer eine gebrauchte Eisenkonstruktion als

Tragwerk für eine circa zehn mal 30 Meter große Werkhalle abzukaufen. Mein Vater und einer seiner Eilerschen Kollegen stellten diese fachmännisch auf. Die Leibungen wurden ausgemauert und mit großen Fenstern versehen. Beim Mischen des Betons für Fundament und Fußboden haben mein Vater und ich oft geholfen. Im Jahr 1954 wurde das Gewerbe angemeldet; zugleich kauften wir für unsere „Bautischlerei" die ersten gebrauchten Maschinen. Als zudem am 10. März 1956 unser erstes Kind, Karin, geboren wurde, gab ich zum 1.Oktober 1956 meine Tätigkeit beim Niedersächsischen Landkreistag auf. Am 10. Dezember 1957 folgte Folkert, und seit dem 1. August 1961 war unsere Familie mit Carsten vollständig.

Unser Betrieb entwickelt sich positiv. ...und wir hatten trotz schwerer Jugendjahre nun beste Voraussetzungen für eine gute Zukunft.

Anhang

Quellen- und Abbildungsverzeichnis

Historischer Zeitbezug

Quellen- und Abbildungsverzeichnis

Deutscher Bundestag und Bundesrat (Hrsg.) (1985): 40. Jahrestag der Beendigung des Krieges in Europa und der nationalsozialistischen Gewaltherrschaft (Ansprachen von Bundestagspräsident Dr. Philipp Jenninger und Bundespräsident Dr. Richard von Weizsäcker anlässlich der Gedenkstunde des Deutschen Bundestages und des Bundesrates vom 8. Mai 1985)

Bundesbildstelle Berlin, Referat 403: Bild-Nr. 1310/3: Abb. 24

Historisches Museum Hannover: Abb. 7, 8, 9, 12, 13, 14, 16, 17, 19, 20, 22, 23, 25, 26, 27, 28, 29, 30, 31, 32, 33 (Genehmigt mit Schreiben vom 28.8.2007, Zeichen WDM)

Stadtarchiv Hannover: Abb. 18, 21, 34 (Genehmigt mit Schreiben vom 31.8.2007, Zeichen 42.3.0600 Rg/Ul)

http://de.wikipedia.org/wiki/Bild: MHV_MB_W07_770_Tourer_1937.jpg (12.05.2007, 12:03 Uhr): Abb. 6

Fotos Anneliese Jürgens: Abb. 1, 2, 3, 4, 5, 10, 11, 15.

Historischer Zeitbezug

Im **Oktober 1929** kam es an der New Yorker Börse am „Schwarzen Freitag" zu einer Krise der Weltwirtschaft.

1930 wurden in Deutschland vier Millionen Menschen arbeitslos, später sechs Millionen.

Am **30.1.1933** wurde Adolf Hitler vom Reichspräsidenten v. Hindenburg zum Reichskanzler berufen.

Im **Mai 1933** wurden die Gewerkschaften und alle Parteien, außer der NSDAP, verboten.

Im Jahre **1933** sank die Arbeitslosenzahl durch das Ende der Weltwirtschaftskrise, aber auch durch Arbeitsbeschaffungsmaßnahmen, wie z.B. Autobahnbau und Anlage des Maschsees in Hannover. Als später die Aufrüstung hinzu kam, gab es keine Arbeitslosigkeit mehr in Deutschland.

1935 wurde die Wehrpflicht eingeführt.

1937/38 wurden in Hannover Bunker gebaut, wie auch an der französischen Grenze der Westwall.

9./10.11.1938 wurden die jüdischen Geschäfte leergeräumt und zerstört: die Reichsprogromnacht.

1.9.1939 begann mit dem deutschen Einmarsch in Polen der Zweite Weltkrieg; und am **19.5.1940** fielen die ersten Bomben in Hannover in das nahe Stöckener Holz.

Nach der Kapitulation vom **8.5.1945** wird Nordwestdeutschland, entsprechend den gemeinsamen Deklarationen der vier Besatzungsmächte (USA, UDSSR, Großbritannien, Frankreich) vom **5.6.1945**, der britischen Besatzung unterstellt, die sich am **21.6.1945** in das ihr zugewiesene Gebiet zurückzieht.
So hatten wir in den ersten Nachkriegsjahren noch eine Militärregierung mit Sitz im Stirlinghouse in der Hans-Böckler-Allee.
Gesetze unterlagen der Billigung des Britischen Gebietsbeauftragten (Militärregierung).

Am **23.8.1946** Eröffnung des Hannoverschen Landtags, am **1.11.1946** Niedersächsischer Landtag mit Sitz in der Stadthalle Hannover und am **11.9.1962** Umzug ins Leineschloss, Hannover.

18.8.1947 fand die erste Exportmesse (Vorläufer der Hannover-Messe) in Hannover-Laatzen statt.

Am **20.6.1948** war die Währungsreform.

Am **26.6.1948** Beginn der amerikanischen Luftbrücke zur Versorgung Berlins, über das die Sowjets eine totale Blockade verhängt hatten. Transporte starteten auch vom Fliegerhorst Wunstorf.

Am **8.5.1949** wurde vom Parlamentarischen Rat unser Grundgesetz beschlossen und am **23.5.1949** von Ernst Reuter in Bonn unterzeichnet.
Erst ab **3.4.1951** hatten wir eine „vorläufige" Landesverfassung und konnten im Landtag wieder eigenständig Gesetze verabschieden.

31.3.1950 Ende der Ausgabe von Lebensmittelmarken.

26.5.1952 schließt die DDR die innerdeutsche Grenze mit Stacheldraht und lässt Selbstschussanlagen montieren. Ein besonderer Abschnitt war die Berliner Mauer, die seit dem **13.8.1961** die drei Westzonen Berlins von Ostberlin und der DDR abschnitt.

Am **9.11.1989** fielen die Grenzen zur DDR wie auch die Berliner Mauer.

Am **3.10.1990** trat der Einigungsvertrag zwischen der Bundesrepublik Deutschland und der Deutschen Demokratischen Republik in Kraft. Dieser Tag wurde in Deutschland zum Nationalfeiertag erklärt.